資金ゼロではじめる

輸入
ビジネス
3.0

新時代の
稼ぎ方「ひとり貿易」入門

一般社団法人
まじめに輸入ビジネスを
研究する会代表理事
大竹秀明

フォレスト出版

成功者が続出!! これが新しい輸入ビジネス3.0

【成功事例１】

社会人経験も少ない24歳の女性が、ヨーロッパのおしゃれ雑貨の独占販売権を得て、いきなり1178万円も売り上げ、全国の有名百貨店で販売できるように。

スタイリッシュで高性能。手放せない秀逸ボトルFLSK(フラスク)

【成功事例２】

50歳のエリートサラリーマンが、親の介護をきっかけに退職。
３カ月後には世界的な有名会社と契約をして、家電量販店でも販売し、テレビ番組で商品を取り上げられるようになって見事に独立。

【成功事例３】

看護師を28年間続けてきた大阪在住の主婦が、初めての輸入ビジネスで734万円を売り、看護師から独立。

【成功事例４】

会社に馴染めず冴えないサラリーマンだった男性が、今や世界中を飛び回りながら、ノートパソコン１台で、時間や場所にとらわれないビジネスを展開。

はじめに

「働き方改革」と叫ばれるようになった昨今の日本。

大企業でさえ次々と倒れていく中で「正社員＝安定」という図式は、もはや過去の幻想にすぎません。所得格差の拡大だけではなく、大企業の従業員が心身ともに疲れ果てて自殺をしたり、過労により心臓発作などを起こして倒れたりなどといった、社会的な問題が続出しています。

つい先日も、金融庁が**「老後資金は2000万円必要」**と発表。年金だけでは安心して暮らせない、自助努力で稼ぐ力を身につけなさいとの内容が大きな波紋を呼びました（金融庁「金融審議会　市場ワーキング・グループ報告書」令和元年6月3日）。

少子高齢化が進み、世界一の高齢化社会となったニッポン。

未来に希望を持てず、自分の存在価値も見いだせずに、ただ何にも期待しないで生きている若者も増えていると聞きます。

生きるために心を殺し、好きでもない仕事をただただこなしていくだけの毎日。愚痴をこぼしながら「何かいいことが降ってこないかな」などと、自分の人生をあきらめたまま生きていく毎日。

そんな時代背景の中で、一方では巻頭にあった成功者のような事例が出てきています。

彼らは、何も特別な能力を持っていたわけではありません。豊富な資金があったわけでも、語学が堪能だったわけでもあり

ません。ましてや、長年ビジネスに携わってきたビジネススキルの高い方々でもありません。

　むしろ、ほんの数カ月前までは、ただのサラリーマンであったり、ごく普通の主婦だったりという方々ばかり。それは自分でビジネスをやったこともない未経験者、転売などの比較的簡単なビジネスを始めて半年から1年ぐらいの方々ばかりなのです。

　そんな方々が、奇跡としか思えない結果をバンバン出しています。

いったい、どんな技を使ったのでしょうか？

　あなたのセンスを活かして、世の中の人々に豊かさや幸福感を提供しながら感謝される仕事。世界を自由に飛び回りながら、さまざまな価値観に触れて自分を成長させていく生き方。

　そんな働き方、生き方に興味はありませんか？

　もしかしたら、この本が明日からあなたの働き方や生き方を変えてしまうかもしれません。

　はじめまして。

　私は、一般社団法人まじめに輸入ビジネスを研究する会、代表理事の大竹秀明と申します。

　1974年生まれの44歳。貿易の街、神奈川県横浜市に、妻・娘・息子の家族4人で暮らしております。

　12年前にインターネットを活用した輸入ビジネスをスタート

| はじめに |

させ、ほぼ1人で事業を拡大し続け、現在は複数の貿易会社の経営や、貿易コンサルティング事業を展開して副業や独立を目指す個人の起業支援や、法人の貿易事業拡大をサポートしています。これまで7年の間に3300人以上の方に新しい働き方や生き方を伝え、多くの方を成功へと導いてきました。

- フリーターから年商2億円の経営者になった方
- 美容師から年商7億円の経営者になった方
- 倒産寸前から1つの商品だけで、毎月500万円を売り上げて業績をV字回復させた方
- ビジネス未経験から700万円以上を売り上げて独立してしまった元看護師
- 旦那の稼ぎを超えてしまった主婦（多数）
- 現役を引退した70歳の高齢者が700万円の売り上げを達成

など、多くの方が人生を変える場面に立ち会ってきました。

なかでも、私が特に力を入れているのは、それまでまったく自分でビジネスをやったことがないような方に「輸入ビジネス」という武器を与えて人生を変えていただくことです。

そして、自分で稼ぐ力を身につけた方を**「貿易家」**と呼んでいます。

さて、あなたは「貿易家」と聞くとどんなことを想像するでしょうか？

貿易家とは、文字通り「個人レベルで貿易を行う人」のことを指します。これはもちろん、辞書には載っていません。私が

つくった造語です。

たとえば「〇〇家」というと……、
作家／小説家／画家／陶芸家／建築家／写真家／評論家／音楽家／農家／格闘家／登山家／冒険家／探検家／発明家／政治家／茶道家／柔道家／華道家／書家／思想家／研究家／専門家／起業家／実業家……などが挙げられます。

なんとなく、何かに特化したことをしている人、あるいはクリエイティブなことをしている人、または、何らかの道を追求・探求している人というイメージがあるかもしれませんね。
しかし、ここで私が考える「貿易家」というのは、次のように定義しています。

あなたのセンスを活かして、世の中の人々に豊かさや幸福感を提供しながら感謝される働き方。
世界を自由に飛び回りながら、さまざまな価値観に触れて自分を成長させていく生き方。
自分が豊かになり、他人も豊かにする働き方であり、生き方。

これが、この本で紹介する「貿易家」です。
ビジネスの世界では「三方よし」という言葉があります。「売り手よし」「買い手よし」「世間よし」というもので、売り手と買い手がともに満足し、さらに社会貢献もできるのがよい商売とされています。
また最近では「四方よし」と言って、「未来よし」が加わって

いると言われています。

この**「四方よし」を地でいくのが「貿易家」**なのです。

売り手（＝メーカー）にとっては、自分たちの大切な商品を、経済大国ニッポンで大きく展開することができます。

買い手（＝消費者）のお客様にとっては、日本にはない、新しくて面白くて役に立つ商品を手にすることができます。

そして、あなた自身にとっても、あなたが本当に惚れ込んだ商品を日本で独占販売することができ、お客様からも感謝をしていただけます。

さらには、海外の製品というのは日本にはない新しくてユニークなものが多く、お客様には未来の新しい価値を提供していくことができるわけです。

ビジネスを通じて海外の人とつながって、ビジネスの話だけでなく、お互いの文化や家族の話を語り合う……。そんな**「夢や可能性にあふれるビジネス、ライフスタイル」**が、私の描く「貿易家」なのです。

私がこれまでに指導してきた貿易家たちは、ノートパソコン1台で世界中を飛び回り、**「ある方法」**を使って海外メーカーと商談をして、ワクワクするような製品を日本で独占販売する権利を得ています。

そして、**たった1カ月でいきなり200万円、500万円、あるいは1000万円以上の売り上げをつくり出してしまうのです。**

そこからamazonやYahoo！ショッピング、楽天市場といったインターネット販売サイトで販売をしたり、あるいはデパートや百貨店、全国量販店などの実店舗で販売をしてもらったりと、

多くの収入を得ながら時間も場所も限定されないストレスフリーな生活を実現させているのです。

　では、どうやって貿易家になることができるのか？
　この本では、その具体的なやり方について詳しく説明していきます。

　第1章では、「**あなたも貿易家になって世界を飛び回りながら働くことができる**」という話をします。
　あなたがワクワクするような素晴らしい商品を見つけてきて、日本のお客様に紹介していく。いわば国と国とをつなぐ架け橋となる存在。それが貿易家という働き方であり、生き方なのです。
　世界には、最先端の技術でつくられた新しいもの、まだ日本には入ってきていないユニークなものなど、素晴らしい製品がたくさんあります。どんどん探して日本のお客様に届けていきましょう。

　第2章では、このやり方の核となる「**ひとり貿易**」について解説します。
「ひとり貿易」とは、ひと言で伝えるならば「リスクを最大限に抑えて、王道かつ新しいツールを活用した次世代の貿易ビジネス」と言えます。
　文字通り、"ひとり"で貿易商社のようなビジネスを構築することができ、年商1億円以上の売り上げを上げるのもまったくの夢ではありません。

従来の貿易や輸入ビジネス、転売などと何が異なるのかを詳しく解説していきます。

第3章では、「商品の探し方」についてお話しします。
いわゆる「商品発掘」または「リサーチ」と呼ばれる箇所になります。海外の商品はどうやって探すのか？　インターネットで探す方法、そして海外に出て探す方法、そのどちらもお伝えしていきます。
そして、実際にどんな商品を探したらいいのか、仕入れたらいいのか。その基準とは何なのか？　これまで多くの実績を積み上げてきた私だからできる解説を交えてお伝えしていきます。

第4章では、「海外メーカーとの商談」についてお話しします。
商談と言っても恐れる必要はありません。私がこれまで実践を重ねながら体得してきた方法「何者でもない個人がライバルの大企業を相手に出し抜く方法」をすべてあなたに伝授します。
これであなたも、海外で見つけた商品を、高い利益率で独占販売する権利を獲得できるようになるでしょう。

第5章では、「クラウドファンディングで販売」についてお話しします。
実際に商品を販売する際に困るのは「資金が必要……」「在庫が必要……」「PR活動が必要……」「本当に売れるかどうかが心配」など、リスクや不安材料がたくさんあるでしょう。しかし、それらを一挙に解決してくれるのが、クラウドファンディングを活用した貿易ビジネスなのです。

タイトルにもあるように「資金ゼロではじめられる〜」は、まさにこの仕組みを使っているからにほかなりません。

このまったく新しいやり方を、あなただけに教えます。とても強力なので、まだ誰にもばらさないでくださいね。

第6章では、「あなたも貿易家の仲間入り！全国有名店舗での販売」についてお話しします。

貿易家のやることは、主に海外の素晴らしい商品を探して日本に紹介する、いわば世界をつなぐ架け橋の部分です。ですので、人にお願いできる仕事はどんどん外注化していき、大事なところだけに注力しましょう。

あなたの「ひとり貿易」を「仕組み化」することで、時間的にも精神的にも本当の意味で自由になって、好きなように仕事を行っていくことができるようになるでしょう。

また、この本の章末（第1章〜第5章）には、貿易家として活躍をしている私のクライアントや生徒さんたちに登場してもらい、「スペシャル貿易家対談」を掲載しました。

あなたよりも少しだけ前に貿易家になった先輩たち。なぜ貿易家を志したのか、その時の状況や気持ちはどういったものだったのか。貿易家にチャレンジしてどう変わったのか、これからどうやっていきたいのかなど、実際の商品も紹介してもらいながら、その舞台裏までを赤裸々に聞いています。

ぜひ道しるべとして役に立ててください。

恐らくあなたは、ドキドキと高鳴る気持ちを押さえられなく

なりながらこの本を読み進めていき、最後のページを読み終わる頃には、「僕も貿易家になりたい！」「私も世界を駆け回りたい！」と確信を持っていただけるはずです。

　もしあなたがビジネス未経験でも必ずできます。それは、私の数多くのクライアントが証明してくれています。

**　さぁ、これから一緒に貿易家の旅に出かけましょう！**

まじめに輸入ビジネスを研究する会　大竹秀明

資金ゼロではじめる
輸入ビジネス 3.0

目次

はじめに ……001

第1章
ワクワクする商品が世界にはたくさんある！
「貿易家」とは？ 輸入ビジネスが副業レベルでできる時代

個人でも輸入商社のようなビジネスができる時代がやってきた！ 020

あなたがワクワクする商品を探そう！ 024

わかりやすいヒット商品が生まれにくい…… 028

【事例】ほかにこんな商品も売れてしまう 031

【成功事例対談 その1】2454人の支援を集め、大手量販店で全国展開
—— 木田澄果さん 東京都 20代 女性 042

第2章
「ひとり貿易」とは？
リスクを最小限にして個人で貿易するまったく新しい仕組み

「ひとり貿易」とは何か？ 046

「ひとり貿易」の基本概念 049

　「ひとり貿易」のビジネス構造 050

　2周目の「ひとり貿易」 054

「ひとり貿易」のビジネスモデルが完成するまで 056

　プロミュージシャンから貿易家へ 056

　虚無感と喪失感。借金地獄、絶望のどん底へ 058

　衝撃的だったヤフオクとの出会い 059

海外では３分の１の価格で販売されていた 060

気持ちを殴り書きしたスケッチブック。そこに「輸入」の
２文字が 061

自分の先を行く師匠との出会い 062

「大竹さん、このままじゃ会社がつぶれますよ」 063

薄利多売、転売ビジネスの罠 064

壮大な貿易の世界との出会い 065

とても個人には無理がある高すぎる貿易の壁 066

個人に貿易は無理なのか……。いや個人だからこそできることが
あるはずだ！ 067

Makuakeとの出会い 068

勇ましくクラウドファンディングデビュー！ しかし結果は…… 071

まったく支援が集まらない…… 073

エバンジェリストって何?? 075

「ひとり貿易」＝貿易革命3.0 075

「転売屋」と「貿易家」の違い 077

流通チャネルを把握しておこう 079

利益が出なくなったら会社は倒産する 081

貿易家のビジネスモデル 082

【成功事例対談 その２】50歳からの再スタートで自由を手に
——三木正雄さん 東京都 50代 男性 084

第3章
あなたの「好き」で売りたい商品を決める

あなたがワクワクする商品を探せ！ 092

インターネットで商品を探すやり方 092

英語が苦手でも大丈夫！ 103

海外の展示会で商品を探すやり方 104

1. 香港エレクトロニクス・フェア 106

2. 香港グローバルソース 107

3. 香港メガショー（香港ギフト・プレミアム）108

4. 台湾コンピューテックス 110

5. ドイツ アンビエンテ＆テンデンス 111

6. ドイツ IFA 112

7. アメリカ CES 113

ズバリ！お勧めの商品を教えます！ 114

Makuake のユーザー層から客層を知る 115

お客様はどんな方なのか？ 125

お客様の絞りすぎは良くない？ 126

市場調査のやり方 128

【成功事例対談 その3】まったくの未経験から独立して730万円を稼ぐ

──田口縁さん 大阪府 40代 女性 134

第4章
海外のメーカーに交渉なんてできるの？

海外メーカーは日本での売り先を求めている 140

海外とのやり取りは基本的にはメールでOK！ 141

海外とのビジネスにおいての交渉とは？ 142

メーカーにこちらを振り向かせるテクニック 143

「個人」だからこそ交渉が有利な理由とは？ 146

相手が NO とは言えないオファーを出す 148

在宅ワークでも総代理権を取る方法 152

初公開！ 貿易業界の常識を覆す、禁断の略奪愛テクニック 154

海外メーカーとの契約はどうしたらいい？ 158

最後に勝つのは情熱だ！ 166

海外展示会の歩き方 168

通訳の手配はどうする？ 171

ネット環境の準備をしよう 172

展示会場での服装について 173

どんな名刺を用意すればいい？ 174

ホームページも作成しよう 174

展示会の立ち回り方 175

ブースで海外メーカーの担当者に聞くこと 177

本格的な商談の流れ 179

【成功事例対談 その4】20年のキャリアを捨て、ストレスのない世界へ
——松井伸司さん 東京都 50代 男性 187

第5章
販売：さあ、いよいよ売る時がきた！

販売価格の決め方 196
　仕入価格＝（商品原価＋国際送料）×輸入税（関税・消費税） 197

貿易家の最強の武器、クラウドファンディングとは？ 200
　クラウドファンディングとは、これからの人をゼロから
　100にしてしまう装置である 200

クラウドファンディングでできる5つのすごいこと 202

1. 資金調達（無在庫販売・在庫軽減）202

2. お試し販売（テストマーケティング）203

3. プロモーション（テレビ・新聞・雑誌・ウェブメディア）204

4.「実績づくり」で交渉のネタにする 205

5.「ブランディング」で価値を上げる 206

Makuake 出品の基本的なルール 206

1. 始める時にはお金はかからない 206

2. 未発売商品でなければならない 207

3. 独占販売契約書が必要 207

4. 日本の法規制（PSE・技適マーク）は、
   お客様に配送を完了するまでに準備が整えば OK 207

5. 初回はプロジェクトが終了してお客様に配送完了するまで、
   2つ目の案件は開始できない 208

お客様は商品到着を待ってくれるのか？ 208

Makuake に申請してみよう！ 209

メニューから掲載の相談を記入する 209

ファンディングページのつくり方 210

Makuake ページ 12 の構成 211

人間の消費行動（AISCEAS〈アイシーズ〉の法則について）212

1. サムネイル（トップ画面）213

2. タイトル（商品名）215

3. 最大の売り＝USP（インパクト）215

4. 特徴（ポイント1〜5）216

5. 利用シーン（疑似体験）217

6. バリエーション 218

7. 商品仕様 219

8. 開発者ストーリー 221

9. 実行者メッセージ 221

10. リターン内容 222

11. 資金用途とプロジェクトのスケジュール 224

12. FAQ 225

データで見る Makuake の裏舞台 227

再び盛り上げる2つ目、3つ目の山をつくる 228

支援額 1000 万円を超えるために…… 229

【成功事例対談 その5】転売屋から1100万円プレイヤーへ
——秋葉貴義さん 長野県 40代 男性 232

第6章
あなたも貿易家の仲間入り！
販売後にさらに世界とつながっていく

インコタームズって何？ 240

海外メーカーへの発注と支払い 241

日本の法規制について 243

1. 電気製品 (PSE マーク・電気用品安全法) 243

2. リチウム電池 (MSDS・化学物質安全性データシート) 245

3. Bluetooth (技適マーク・電波法) 245

4. 食器 / 玩具 (食品衛生法) 246

5. 医薬品 / 医療機器 (医薬品医療機器等法) 246

6. アパレルなど (家庭用品品質表示法) 246

7. 知的財産権 247

8. PL 保険 (生産物賠償責任保険) 248

海外からの輸送、通関、日本国内の配送はプロに任せよう 248

クラウドファンディング後に気をつけること 251

クラウドファンディング後の一般販売について 252

オンライン（amazon や楽天市場、Yahoo! ショッピングなど）で
販売する 252

ネットショップで販売する 253

全国のデパートや有名な量販店で販売をしてもらう 253

インターネットのウェブ窓口を利用する 254

日本国内の展示会に出展する方法 254

もしもクレーム、炎上が起きたら？ 257

クラウドファンディング終了後に、海外メーカーと
本格的につながっていく 257

最後に「クラファン、もう1杯！」260

貿易家に向いているのはどんな人か？ 261

「即断即決即実行」できる人になる 261

「素直さ」こそが変わるうえで大切 262

成功するまでやり続ける 263

「すべては自己責任」で臨む 263

ライバルとは、自分を成長させてくれる存在である 264

一流に触れることで成長する 264

変化を恐れず、常に新しいものにチャレンジする 265

おわりに …… 267

第1章

ワクワクする商品が
世界にはたくさんある！

「貿易家」とは？
輸入ビジネスが副業レベルでできる時代

個人でも輸入商社のようなビジネスが できる時代がやってきた！

　ひと昔前、貿易や輸入ビジネスといえば、大きな会社がやることでした。潤沢な資金や販路があり、管理する人や営業をする人がいて、在庫を保管する倉庫が必要で、さらには海外にコネクションなども不可欠でした。

　しかし今は、**インターネットの普及で、個人でも貿易商社のようなことができる**ようになりました。

　私たちは、家にいながら世界中どこの国の人ともリアルタイムでつながることができるようになり、会社だけではなく個人規模でも取引ができるようになったのです。

　インターネットは人々の暮らしを豊かにするだけでなく、仕事のあり方も変えてしまったと言えるでしょう。

　昔からビジネスに必要な経営資源は、「ヒト」「モノ」「カネ」と言われています。

　これを現代の輸入ビジネスに置き換えて考えてみると、次のようになります。

「ヒト」……管理ツールやシステムの活用、外注（アウトソーシング）、専門業者、外部倉庫への委託などで、すべてまかなうことができます。

　たとえば、クラウドソーシングは、遠く離れたリモートワーカーさんに仕事を依頼することが簡単にできます。

　かつて一流の商社でバリバリ働いていたような女性が、結

第1章　ワクワクする商品が世界にはたくさんある！

婚や出産などを機に退職し、現在では家事や子育てをしながら、自宅で空いた時間に仕事がしたい——そんなふうに考えている方は非常に多く、私たちはインターネットを通じて彼女たちに外注スタッフとして遠隔で働いてもらうことができるのです。

　商品のリサーチから、海外メーカーとの外国語でのやり取り、翻訳、交渉や発注、商品管理、販売ページやパッケージのデザイン、出荷、お客様からの問い合わせやサポート対応まで。

　商品の入荷や出荷などの在庫管理も、最近では個人でも対応してくれる倉庫サービスも増えてきたので、すべてを任せてしまう（外注する）ことができます。

「モノ」……インターネットで海外のサイトを見ていく、あるいは直接海外の展示会などに出向いて、個人でも簡単に商品を探すことができます。特別な能力もコネクションも必要ありません。

　苦手な人も多い「外国語」も、Google 翻訳やポケトーク（翻訳機）などツールの発達により容易に越えることができるようになりました。

　そして一番頭を悩ませそうな、「カネ」……これも、この本で紹介していくクラウドファンディングを活用することで、商品が手元にない状態でも先に販売して資金調達をすることができてしまうのです。クラウドファンディングとは、先に資金を調達して、そのお金で仕入れをして、支援してくれたお客様に商品をお届けする、そんなことができる仕組みなのです。

　たとえば、巻頭ページで紹介した「ドイツのボトル FLSK」

ですが、当時 24 歳の女性が日本最大級のクラウドファンディングサイト Makuake で、**なんと事前に 1178 万円の資金調達に成功**したのです。

彼女は、売れたお金が入金されてから、海外メーカーに発注をしました。そして数週間後には海外メーカーの倉庫から商品が輸送されてきます。日本に到着したら「フォワーダー」と呼ばれる業者が通関手続きや運送をしてくれます。商品を受け取るのは、彼女の自宅ではなく在庫を管理する委託倉庫です。

彼女は、その倉庫に出荷の指示を出して、支援をしてくれたお客様に効率よく配送をしています。

その後、Makuake で 1178 万円も集まったことがニュースメディアに取り上げられて話題となり、大手百貨店からも取引の依頼が……。大きな支援額の実績をもとに、初回から大きな棚の全面に彼女のボトルが並びました。現在では、さらに多くの百貨店や量販店に販路を拡大しています。

これはとんでもない快挙です。

そしてここからが重要なのですが、もしかしたらこの FLSK というボトルは、彼女がいなければ、こうして日本で陽の目を見ることはなかったのかもしれないということです。

つまり、**個人貿易家だからこそ、大手商社のバイヤーのセンスでは引っかからなかったようなユニークで素晴らしい商品を見つけてくることができる**のです。

それはものすごく価値の高いことです。

なぜならば、世界にはまだ日本に入ってきていないような、新しくてユニークな商品がごまんとあり、貿易家が見つけてく

| 第1章　ワクワクする商品が世界にはたくさんある！

「Makuake」で支援金1000万円超え、欧州で話題のボトルが二子玉川 蔦屋書店で販売開始

6/22(金) 15:00配信

支援金1000万円を超えた欧州話題のボトルが日本上陸

海外雑貨の輸出入や販売を手がけるcheer charmerは、クラウドファンディング「Makuake」で支援金1000万円超えを達成したドイツ生まれの水筒「FLSK（フラスク）」の一般販売を二子玉川 蔦屋家電で開始した。

FLSKは、欧州で話題のオシャレなステンレスボトルで、デザインだけでなく独自テクノロジーで、保温18時間、保冷24時間という世界最高水準の保温力を有しているという。Makuakeでの支援を開始したところ、わずか2日で100万円を超え、最終的に1178万5264円の支援金を達成し、ボトル商品としてMakuakeで過去最高額を記録。2454人の支援者を得た。

（Yahoo!ニュースより）

（蔦屋書店二子玉川店での陳列の様子）

れるのを、今か今かと待ちわびているからです。

　最新の技術で私たちの生活を快適にしてくれるガジェット。海外ならではのセンスでつくられたヨーロッパのおしゃれ雑貨。趣味の世界にこだわったニッチ商品。あるいはモノだけでなく、アプリやシステムだってそう。

　素晴らしい商品やサービスが、世界中で今、この瞬間にも産声を上げているのです。

　そうしたものを探してきて、日本の人たちに紹介する。それが私たち貿易家の仕事。まさに国と国とをつなぐ架け橋的な存在なのです。

　こうしたことが、インターネットを使うことで、空いた時間を活用してできてしまうのです。

　もちろん最初は空いた時間で副業として始めて、そこから独立をして年商数億円といった本格的な輸入商社をつくっていくこともできます。あなたが望む規模感にビジネスをデザインしていくことができる、それが貿易家という職業なのです。

あなたがワクワクする商品を探そう！

　それでは、貿易家はどんな商品を海外から探してくるべきなのでしょうか？　よく売れそうな商品でしょうか？

　私はクライアントや生徒さんに、いつもこう伝えています。

「まずは、あなたがワクワクする商品を探しましょう！」

　どういうことなのか説明をします。

第1章　ワクワクする商品が世界にはたくさんある！

　ひと昔前、私たちが共有していたのはマスメディアからの情報だけでした。

　たとえば、私はいわゆる団塊ジュニアですが、みんな同じテレビ番組を観て、ヒットチャートに並んだ音楽を聴き、翌日の学校や会社では、そのテレビやタレントの話題で持ちきり。情報もテレビやラジオのニュースを観たり聞いたり、新聞を読んだり、コンビニに並んでいる雑誌から得ていました。誰もが同じ情報を受け取り、共有していた時代です。

　しかし今は、教育改革実践家の藤原和博さんもおっしゃっていますが、**「みんな一緒」から「それぞれバラバラ」の時代**になっています。

「多様化」とも表現されますが、好きなものがバラバラになっていて、自分が好きなものだけを掘り下げて楽しんでいける時代なのです。

　今ならば、Youtube を見ていると、関連動画がずらりと流れてきて、気になってずっと見ていたら、なんと3時間も見続けてしまっていたなんていうことも……。

　こんな経験は誰にでもあるのではないでしょうか。

　さらに Facebook や Twitter、Instagram など、個人が情報を発信しています。少し前だったら「マニアック」や「ニッチ」と言われて相手にされなかったものが、今ではどんどん発信していくことで、同じ価値観を持った人たちが磁石のように吸い寄せられて集まってくるのです。

　さかのぼること10年前。ゲーム好きの人たちは「オタク」と呼ばれて、世間では冷ややかな見られ方をしていました。何と

なくモテない代名詞であったとも思います。

　部屋に引きこもってゲームに熱中し、親からは「学校に行きなさい！」「会社休んで大丈夫なの！」などと、怒られたりしていたわけです。

　しかし、このわずか10年ほどで、あのゲーム好きの人たちは「ゲーム実況だ！」などと言って、自分のプレーを動画に撮り、Youtubeにアップして、多くの視聴数を集め、そこからお金を稼いでいるのです。

　そんな人が、実はたくさんいるのです（ご存じでしたか？）。

　そう、まさにYoutube広告ではないですが、**「好きなことで、生きていく時代」** に変わってしまったのです。

　だから私は、クライアントにこう言っています。

　「あなたがワクワクするものを探しましょう！　まずはそこからです」

　だって、自分が本当に良いと思うものじゃないと情熱が入らないですよね？　お客様に良さを伝えられないですよね？

「ねぇ、いいでしょこれ！　見てみてー！」

　そんな感じで、自分のセンスで好きなものを探してくる。それを販売していくというビジネスが成り立ってしまうわけです。

　どんなにニッチな商品でも、同じ価値観の人は必ずいて、インターネットを活用することで、簡単にその人たちに届けていくことができるようになったのです。

　顧客が求めるサービスや商品を提供していく「マーケットイ

ン」、自分たちがつくりたいものを提供していく「プロダクトアウト」。どちらが正解で、どちらが不正解ということはないと思います。

ただ、以前と比べても、わかりやすい「ヒットの方程式」のようなものが崩れてきていると感じています。

もちろんコンサルタントとして、市場分析の観点から「このジャンルは当たりやすい」「これは今流行っているな」と、ある程度の枠組みでは予想できますし、実際に当てにいくことはできるのですが、「何がヒットするのかわからない」ケースも増えてきました。

「これは絶対に売れるだろう！」というものが、思ったほど売れなかったり、あるいは「これは正直厳しいだろうな」というものが、なぜかヒットしてしまったりするのです。

ですから、予測ができないものでもヒットする可能性が十分にあるということです。

それならば、まずは「自分がワクワクする商品を扱うべきだ」と、私は考えています。

重複しますが、売れる可能性が高いというだけで商品を探すより、自分の気持ちが入った商品を扱うほうが、その商品に情熱を持てますし、精神的にも充実度が高いですから、ならば自分がワクワクする商品を探したほうが近道なのです。

そうやってさまざまな価値観の商品が入ってきたほうが、いろいろな方のお役に立てますし、世の中が明るくなると思いませんか？

わかりやすいヒット商品が生まれにくい……

　前述のドイツのボトル「FLSK（フラスク）」も、実はヒットするかどうか読めない商品でした。

　木田さんがフラスクに出会ったのは、ドイツの展示会「テンデンス」でした（展示会とは世界中からさまざまな商品が集められる商品見本市で、のちほど詳しく解説します）。

　木田さんは、私が主催する「海外展示会攻略プロジェクト」に参加され、そこでこのボトルを探してきました。

木田「大竹さん、探してきました！　私、この商品を扱いたいです」

大竹「うーん、これですか……？ amazon でも中国製の安価な類似品が販売されているし、ドイツからの輸送だと販売価格も高くなっちゃうだろうから、あんまり売れる商品ではないと思いますよ。

　　　そうですねー、Makuake で 200 万円ぐらいいけばいいかな。何ごとも経験ですからね、頑張ってみましょう！」

木田「そうですか……わかりました、やってみます！」

　正直なところ、私は売れるとはまったく思っていませんでした。ただ、まだ若い貿易家の卵に、経験値が増えれば良いと思っていたのです。しかし、いざクラウドファンディングでの販

第1章 ワクワクする商品が世界にはたくさんある！

売が始まると……。

100万円突破！
200万円突破!!
300万円突破!!!

なんと支援額が500万円を超えてしまいそうではありません
か！
そして最終的に、なんと1000万円を超えてしまったのです。

これは衝撃的でした。
そして同時に思いました。
つい最近ビジネスを始めたばかりの24歳の女性でも、自分
のセンスでヒット商品を発掘してくることができてしまう時代
になったんだ。
いやむしろ、今を生きる若い彼女だからこそ、出会うことが
できたんだ、と。
彼女の成功は、「ひとり貿易」というやり方を模索していた
私にとっても、大きな可能性を示してくれたのです。
誰にでも可能性がある。その芽を摘んでしまってはいけない。
私自身、コンサルタントとしての在り方を決めた瞬間でもあ
りました。

これには後日談があります。実はこのボトル、Makuake内
でも、なんでこんなに売れたのか誰もわからないということだ
ったそうです（笑）。

FLSK（フラスク）の成功事例は、Makuake にとってもエポックメイキングになったわけです。

　また２、３年くらい前の別の話ですが、海外の展示会で「ハンドスピナー」という商品をよく見かけました。
　しかし、私自身は海外の展示会を見慣れすぎていたせいか、「こんなのどこにでもある。日本ではまったく売れていないけれど、ほかの国では売れているんだなぁ～」くらいにしか思わず、当時は目にも留めなかったのです。
　ところが 2017 年になって、日本でも大ヒットしました。
　もしも私があの時に「ハンドスピナー」のヒットの可能性に気づくことができたら……今頃は先駆者になっていたはずです。大きなチャンスを取りこぼしました（笑）。

　誰にでも平等に可能性がある。これが貿易の面白いところです。
　もしかしたらビジネス未経験の方でも、あなたのセンスで大ヒット商品を発掘することができるかもしれないのです。

　だから、もう一度言います。
　「あなたがワクワクする商品を探しましょう！」
　あなたのセンスで見つけてきた商品に共感してくれる人は必ずいて、インターネットで発信していくことで、そうしたユーザーとつながっていけるのです。
　そうやって自分のワクワクするような商品を、まだ知らぬ日本のお客様に広めていく。それが貿易家という仕事なのです。

マニアックでニッチであればあるほど、悩みが深ければ深いほど、お客様が強烈に求める商品というのはあります。

これまで仕事に就くのが難しかった主婦でも、主婦だからこそ見えてくるアイデアがあります。

未来を見せてくれるような最先端の電子ガジェット、かゆいところに手が届くような便利グッズ、主婦にとって便利なキッチングッズ等、まずはあなたの主観でいいのです。

ちょっと考えてみてください。

あなたが、すごく面白いものを見つけた時、友達や仲間にLINE や Instagram で、

「こんなに面白いの見つけたよ！」

「これすごくない？」

なんて、お勧めしたくなる時、ありますよね？

その気持ちでいいのです。

あなたが面白いと思ったもの。ワクワクを人に伝えていく。それが「貿易家」という仕事です。

【事例】ほかにこんな商品も売れてしまう

それでは実際に、クラウドファンディングでどんな商品が売れているのでしょうか？　ここからは私や私の生徒さんが実際に販売した商品の一部をご紹介していきます。

【カード型トラッカー FINDOBIT（ファインドビット）】

集まった金額（売上）：11,138,358円 / 支援者：1460人

(https://www.makuake.com/project/orbitcard/)

財布やスマホは、もう失くさない・探さない、厚さ1.28mmのカード型トラッカー

「サイフの居場所、お知らせします。」のキャッチコピーが示す通り、スマホで財布を探せる便利なカード型のトラッカー。逆に財布からスマホを探すこともできます。

　使い方は簡単。FINDOBITを財布に入れておくだけ。スマホや財布をなくした経験がある方にはマストアイテムです。

　手がけたのは、長野在住の秋葉さん。

第1章 ワクワクする商品が世界にはたくさんある！

【テンキー NUMS（ナムス）】

集まった金額（売上）：4,325,260円 / 支援者：1086人

(https://www.makuake.com/project/nums/)

「Nums」トラックパッド革命！トラックパッドに貼るだけで使えるテンキー！

MacbookやSurfaceのトラックパッドにシートを貼るとテンキーになってしまうという優れもの。テレビ番組「ガイアの夜明け」でも取り上げられました。現在は全国家電量販店でもお求めになれます。

手がけたのは、東京在住の元サラリーマン50代の三木さん。

【iPin Pro（アイピン・プロ）】

集まった金額（売上）：13,597,880円 / 支援者：1059人

（https://www.makuake.com/project/ipinpro/）

　スマホがレーザー距離計に早変わり。瞬時に３Ｄ測量ができます。

　ファンディング実施前は建築業者向けの商品かと思われましたが、蓋を開けてみると一般のお客様からの支援が殺到。クラウドファンディングの可能性を大きく感じるプロジェクトになりました。

第1章 ワクワクする商品が世界にはたくさんある！

【ポータブル空気清浄機（マイナスイオン発生器）】

集まった金額（売上）：7,345,490円 / 支援者：1088人

(https://www.makuake.com/project/gooten/)

花粉の悩みにさようなら。軽量で超強力！粒子を99.36%除去する携帯型空気清浄機

　花粉粒子を99.36%除去してくれる小さな空気清浄機。花粉を吸い込み、500万個/cm^{3}のイオンを放ってくれます。花粉症に悩まされる方もこれで解消。

　手がけたのは、大阪在住の2児の子供を育てる主婦であり看護師の田口さんです。

【ワイン・デキャンター Lusciouz（ルーシャズ）】

集まった金額（売上）：6,013,000 円 / 支援者：537 人

（https://www.makuake.com/project/lusciouz/）

ワインをより美味しく飲むためにデキャンタージュ（開かせる）して味わいを豊かにするアイテム。これまでソムリエにしかできなかった技を一瞬で実現してくれます。

　手がけたのは福岡在住の若手実業家の岡崎さん。

第1章　ワクワクする商品が世界にはたくさんある！

【ミニマリスト向けバックパック Alex（アレックス）】

集まった金額：2,755,340 円 / 支援者：415 人

(https://www.makuake.com/project/alexbackpack/)

　超軽量でペッタンコにつぶすことができるバックパック。旅行などで活躍してくれそうですが、洗練されたシンプルなデザインなので普段使いもOK。

　旅好きなミニマリストの佐藤さん（女性）が海外サイトで「これ欲しい！」と見つけた商品でした。佐藤さんはカップルで旅をしながら貿易家を楽しまれています。

【シューズ・リフレッシャー】

集まった金額（売上）：6,995,240円 / 支援者：578人

(https://www.makuake.com/project/shoesrefresher/)

　これ1台で靴の嫌なニオイとオサラバ。1分間で靴の中をキレイに除菌。除湿と脱臭と抗菌が同時にできる、ボタン式シューズクリーナー。

　手がけたのは、なんと70歳で古稀を迎えた東京在住の小川さん。

【イヤホン型翻訳機 Aibuds（アイバッツ）】

集まった金額：8,611,144 円 / 支援者：409 人

(https://www.makuake.com/project/aibuds/)

ハンズフリーで会話できる。音楽も聴けるワイヤレス型イヤホン翻訳機。36ヶ国語対応

　ハンズフリーで会話ができ、片方を日本人が、もう片方を外国人がつけても、お互いの言語のままで会話ができてしまうワイヤレス型イヤホン翻訳機。まるでドラえもんの「ほんやくコンニャク」がここに！

　手がけたのは、京都在住の営業マン西田さん。

【超軽量ウェアラブル VR カメラ Omi Cam（オーミ・カム）】

集まった金額（売上）：17,021,396 円 / 支援者：728 人

(https://www.makuake.com/project/omicam/)

　これまでになかった超軽量「ウェアラブル VR カメラ」。高度な手ブレ除去機能搭載で、服や帽子に取り付けたハンズフリーの状態でも安定した４K高画質の映像を撮影することができます。ワンタッチで SNS に動画や画像を共有することも可能。

　手がけたのは、元大手上場企業のサラリーマンだった枝川さん。

第1章　ワクワクする商品が世界にはたくさんある！

【マイクロ・ドローン 4.0】

集まっている金額（売上）：33,943,720 円 / 支援者：1294 人

(https://www.makuake.com/project/microdrone4/)

【MicroDrone4.0】手のひらサイズのインテリジェント・ドローン

　AIを搭載した、小型でインテリジェントなドローン。自動安定飛行ができて高品質な動画撮影ができます。高性能にも関わらず手頃な価格帯なのもウリの1つです。

　ファンディング開始4時間で1000万円超えという偉業を達成。Makuakeのギネスを更新しました。執筆時も絶賛ファンディング中（※2019年6月12日現在）。

【成功事例対談　その１】
2454人の支援を集め、大手量販店で全国展開

―― 木田澄果さん　東京都　20代　女性

人生に絶望して彷徨いながら仕事をしていた

大竹：では、お名前と年齢と経歴を教えてください。

木田：木田澄果です。現在25歳です。大竹さんと出会う前は、半年ぐらい欧米輸入の転売をやっていましたが、やりがいをいっさい感じられず、人生に絶望して彷徨いながら仕事をしていました。

大竹：絶望ですか。相当行き詰まっていた感じですね。

木田：はい。ちょうどその頃に私が信用しているある人から、大竹さんというすごい方がいるという紹介をいただき、当時の状況と正直な気持ちを長文のメールで送りました。

大竹：そうでしたね。

木田：その時はコンサルティングを受けていないということで断られてしまったのですが、「何とかお会いできる方法はありませんか？」と聞いたところ「ドイツでの実践プロジェクトがあるので、そちらに参加されてはいかがですか？」というふうにお誘いをいただいたのが最初です。

大竹：そこから実際に実践プロジェクトに参加されたわけですが、率直な感想としてはどうでしたか？

木田：大竹さんにお願いして一番よかったなと思うのが、展示会での商談です。私は社会人経験もほとんどないので、交渉や商談もどのように進めたらいいのかわからなかったからです。大竹さんが間に入ることで、ドイツのメーカーの社長も信用してくれて、取引が成立できたのだと思います。

いきなり「2454人」の支援、「1178万円」の売り上げを達成

大竹：なるほど。その展示会で運命的な出会いがありましたね。木田さんと言えば、ボトルです。FLSKのボトルはMakuakeで大ヒットしたわけですが、具体的な結果などを聞かせてください。

042

第1章 ワクワクする商品が世界にはたくさんある！

木田：ドイツで出会ったボトルが Makuake で「2454人」の方々にご支援いただき「1178万円」を突破しました。現在は蔦屋家電やイオン系列の R.O.U、ヨドバシカメラ等でも販売していただいています。メーカーとの取引のため、一括で仕入れて一括で卸しています。

大竹：本当にブレイクしましたね。蔦屋家電では大きなディスプレイ棚が FLSK のボトルで埋め尽くされました。あれは本当にすごかったです。Makuake 後の一般販売も順調のようですが、クラウドファンディングをやる以前と今とで何が大きく変わりましたか？

木田：精神的にも時間的にも余裕ができ、いろいろと出かけたり、好きなことに打ち込めるようになりました。ほかに変わったことと言えば、家族にやっと自分がしている仕事のことを話すことができました。家が厳しかったので転売をビジネスにしていることは親に言えず、1年間黙っていました。それが今は胸を張って言えるようになり、親もすごく喜んでくれています。

不安に思っていた部分をすべて網羅してサポートしてもらえた

大竹：それは大きな変化ですね。転売をやっている人などから、自分のやっていることを胸を張って言えないという話はよく聞きます。ご家族も喜んでくれているということで、とてもうれしいお話です。

では最後に、この本を読んでこれから「ひとり貿易」とかクラウドファンディングをやっていきたいと思っている人に、メッセージをお願いします。

木田：初めての海外は不安もたくさんありました。でも現地では通訳、商品選定、メーカーとの交渉等、私が不安に思っていた部分をすべて網羅してサポートしていただきました。ありがとうございます！

未知の商材やメーカーの人たちと話をするのも、刺激的で面白いです。実践プロジェクトやクラウドファンディングはビジネスの大きなきっかけになったり、今後何かのヒントになると思うのでお勧めです。あと現地で飲むお酒が何よりも美味しいです。

大竹：そうですね、世界各地のお酒が楽しめるのも貿易家の醍醐味かと
　　　思います。今回の対談のお相手は木田澄果さんでした。どうもあ
　　　りがとうございました。
木田：ありがとうございました。

第2章

「ひとり貿易」とは？

リスクを最小限にして
個人で貿易する
まったく新しい仕組み

「ひとり貿易」とは何か？

「ひとり貿易」とは、文字通り「ひとり」でできる「貿易ビジネス」の意味です。ひと言で表すならば**「リスクを最大限に抑えた、王道かつ新しいツールを活用した次世代の貿易ビジネス」**と言えます。

そして、「ひとり貿易」を実践する人を**「貿易家」**と呼んでいます。

貿易家のメリットはさまざまありますが、ここでは重要なポイントのみをお伝えします。

1. あなただけの素晴らしい商品を販売できる

第1章にも書きましたが、海外には日本にはない素晴らしい商品がいっぱいあります。それらをあなたのセンスで見つけてきて日本のみなさんに紹介していく、それが貿易家の仕事です。

ここで重要なのは、販売できるのは日本では**「あなただけ」**というところです。

この権利を**「独占販売」**と言います。単純な価格競争にならないので、しっかりと利益を確保しつつ、積み上がっていくビジネスを構築することができます。

2. 社会的な信用度や価値が高い

貿易とは、世界と日本をつなぐ「架け橋」のようなビジネス。太古の昔から、世界は国と国との交易によって発展してきまし

た。つまり、伝統的なビジネスモデルであり、社会的な信用度も圧倒的に高いのです。

日本にはない新しい商品を持ってくるので、新しい価値を提供していくことができます。もちろん、お客様にも本当に感謝していただける、そんなやりがいのあるビジネスです。

3. ゼロから始めて、副収入から年商数十億円の事業まで

貿易家は、時間や場所にとらわれず、世界を自由自在に飛び回りながら、ビジネスを回していくことができます。

まずは毎月10万円程度の副収入から、独立起業、または年商数億円と、本格的な貿易会社にしていくこともできます。

ライフスタイルを充実させた「ひとり貿易」にするのか、または大きな輸入商社の社長になっていくのか、あなたが自由に決めていいのです。

でも、本当に個人でも貿易ができるのでしょうか？

そう思われるかもしれません。そこでまずは、従来の貿易ビジネスの問題点を考えてみたいと思います。

＜従来の貿易ビジネスの問題点＞

- 個人の信用力では取引してもらえない
- 大量の仕入れ資金が必要
- 英語の壁
- 専門的で難しい
- 法規制をクリアしなければならない
- 海外に行かないといけない
- 大量の在庫を抱えてつぶれる可能性もある

などでしょうか。しかし、このすべてが解決できるやり方があるとしたらどうでしょうか。そんな方法が、私が10年かけてつくり上げてきた、これまでとまったく異なる新しいやり方、まさに「**貿易の革命**」とも言える手法なのです。

その最大のポイントは「**クラウドファンディング**」を活用するという点にあります。私たちがクラウドファンディングをやるメリットは大きく次の5つになります。

【クラウドファンディングのメリット】

A. 資金調達（無在庫販売）
B. お試し販売（テストマーケティング）
C. プロモーション（テレビ・新聞・雑誌・ウェブ）
D. 実績づくり
E. ブランディング

この中でも「資金調達」と「お試し販売」について説明します。簡単に言うと、あなたが見つけてきた商品をクラウドファンディングで「**事前販売**」することができるということです。

クラウドファンディングを実施する時点では、まだ在庫を持っている必要はありません。先に販売をしてしまって、売れたお金でメーカーに発注をしてお客様にお届けするという、いわば「無在庫販売」のようなことが、システムとしてできてしまいます。

そして、これは同時に「**お試し販売**」もかねています。クラウドファンディングで予想通り（またはそれ以上）売れるようだったら本格的な販売へと進めます。もしも見込みの金額まで

資金が集まらなかった場合、そのあとは仕入れを継続しないという選択をすればいいのです。

　資金ゼロから始めることができ、従来の貿易ビジネスでの大きな問題点であった「売れると思ってたくさん仕入れたけれど、まったく売れない」というリスクを避けることができます。
　リスクを極限まで減らしながら貿易ビジネスを進めていくことができる。これが私が開発してきた「ひとり貿易」というビジネスモデルなのです。

「ひとり貿易」の基本概念

「ひとり貿易」とは、次のような構造で成り立っています。

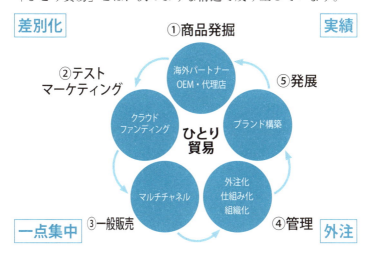

それぞれ詳しく見ていきましょう。

「ひとり貿易」のビジネス構造

1. 商品発掘：海外パートナー（代理店・OEM）
2. テストマーケティング：クラウドファンディング（Makuake）
3. 一般販売：マルチチャネル（卸・小売）
4. 管理：外注化・仕組み化・組織化
5. 発展：ブランディング

以上のような5つのフェーズで構成されています。それでは、これら5つのフェーズについて簡単に説明しましょう。

1. 商品発掘：海外パートナー（代理店・OEM）

まずは海外から素晴らしい商品を探してくるところから、「ひとり貿易」が始まります。ここで大事なのは「差別化」です。

たとえば海外のウェブサイト、「amazon.com」や「Kickstarter」「Indiegogo」といった商品販売サイトで良い商品を探したり、海外の展示会に出向いてメーカーにアプローチをし、日本で販売をさせてもらえるように「代理店契約」を結びます。

このように聞くとハードルが高いように思うかもしれませんが、世界中には、**まだまだ日本に入ってきていない素晴らしい商品**がたくさんあります。そして、海外メーカーはそれを世に広める機会を常に求めています。

あなたにしか見つけられない商品は、必ず見つかります。具

体的な商品の発掘方法については、第3章で解説していきます。

2. テストマーケティング：クラウドファンディング（Makuake）

　次にクラウドファンディングを実施します。前述した通り、クラウドファンディングを使うことで資金調達やテストマーケティング（お試し販売）など、売り上げをつくりながら、実際に日本のお客様に商品を販売したらどうなるのかを確認することができます。

　また売り上げ面だけではなく、プロモーションの効果もあります。メディアに取り上げられたり、有名量販店のバイヤーから取引の連絡が入ったりと、さまざまな反応を得ることができます。

　まずはクラウドファンディングをやってみて、しっかり売れるなら本格的に販売していきましょう。もしもあまり売れない、あるいは何も反応が得られない場合、クラウドファンディングで売れた分だけ販売をして、その後はもう取り扱いを中止にするという判断もできます。

　さまざまな可能性を秘めたクラウドファンディング。この売り方（使い方）については、第5章で詳しく解説していきます。

3. 一般販売：マルチチャネル（卸・小売）

「ひとり貿易」では、転売ビジネスのように多種多様な商品をamazonだけで販売していくようなモデルではなく、1つの商

品を大事に育てながら、多くの販路で販売していくというやり方になります。これを「マルチチャネル販売」と呼びます。1点集中型の販売スタイルです。

そうすることで、在庫管理もシンプルになり手がかからなくなります。

amazonや楽天市場、Yahoo!ショッピングなどインターネットで販売するだけでなく、全国のデパートや百貨店、量販店で販売していきます。個人でも卸業者を経由することで店舗での販売が可能になります。

自分の商品が有名店舗に並ぶのは、とてもうれしいことですね。

また、日本での販売価格は、輸入商品の場合は自分で決めることができる場合が多く、海外メーカーからの正規仕入れなので、粗利7割程度の高い利益を確保できます。

4.管理：外注化・仕組み化・組織化

「ひとり貿易」は、文字通り「ひとり」から始まっていくのですが、いろいろなツールやシステムを使ったり、仕事を外注していくことで拡大していきます。

特に今は、クラウドソーシングが発達しているので、正規社員を雇用しなくても優秀な人に遠隔で外注として働いてもらうことができます。配送回りも、小口でも対応してくれる外部の倉庫会社がありますので、在庫の管理から配送までを一括で代行してもらうこともできます。そうすることで、私たちは一番優先すべき仕事に集中していくことができます。

もちろん本格的な貿易会社として、年商数億円以上をねらっ

第2章「ひとり貿易」とは？

ていくのであれば、組織化して会社を拡大していってもよいで
しょう。正規社員やアルバイト、パートを雇い、自社倉庫を借
りて在庫や配送を行っていくこともできます。

　どのぐらいの規模感でやっていくのかを自分でコントロール
していけるということになります。

5.発展：ブランディング

　クラウドファンディングを実施することで、あなたの商品を
無名商品から、付加価値の高いブランド商品へと育てていくこ
とができます。

「クラウドファンディングで500万円売れました」というよう
な支援額だったり、あるいはテレビや雑誌、キュレーションサ
イトなどで取り上げてもらった実績だったりと、いろいろな形
でストーリーをつくっていくことができます。また、デパート
や量販店でも販売していることも、ブランディングにつながり
ます。

　そうすることで、いわゆる**コモディティ化（汎用品化）され
ないように商品を育てていくこと（ブランド化）ができる**わけ
です。

　以上が、「ひとり貿易」のビジネス構造になるのですが、実は
ここで終わりではありません。

「ひとり貿易」のビジネス構造は、平面ではありません。**立体
であり、螺旋を描いて上に伸びていっているイメージ**です。

　どういうことかを説明します。

　このビジネスは、2周目に入ると一気にやりやすくなります。

053

なぜならば、**あなたの「実績」が積み上がっている**からです。

2周目の「ひとり貿易」

2-1. 商品発掘：海外パートナー（代理店・OEM）

　すでに経験してきているので、**商品発掘の目がどんどん肥えてきています。**経験値が増えるほど、これまでは目に入ってこなかったような商品やコンセプト、販売のアイデアなども浮かんでくるでしょう。

　そして、海外メーカーからも、すでに何かの商品の代理店として販売を行っているならば、「それならば安心して私たちの商品も任せられます」と、信頼を得やすくなります。

2-2. テストマーケティング：クラウドファンディング （Makuake）

　クラウドファンディングも一度経験しているので、どのようなものか理解できていますし、前回の反省点なども踏まえて改善していくことができます。結果的に高い支援額を集める可能性もアップします。

　そして、Makuake でも1回目のプロジェクトが実績になっているので、複数のプロジェクトを同時に走らせることもできるようになります（※執筆当時のルールですので、Makuake キュレーターに確認してください）。

　さらに、1回目で支援をしてくれたお客様に対しても、「新商品のプロジェクトが始まります」と案内ができます。特に、同じ商品カテゴリーだと、お客様にまた支援してもらえる可能性が倍増します。

2-3.一般販売：マルチチャネル（卸・小売）

インターネットでの販売も、amazon や Yahoo! ショッピング など、すでにアカウントを持っていれば、スムーズに販売につなげることができます。

デパートや量販店、卸業者の場合、取引口座がある（つながっている）場合は「新商品を提案していく」という形になります。いずれにしても、すでにいくつかの販路があるというのは大きなアドバンテージになります。

2-4.管理：外注化・仕組み化・組織化

ここは1回目でお伝えした通りですが、自分が望むビジネスの規模感に合わせていけばいいのです。たとえば、忙しくなってきたら、販売管理ソフトを導入してみる、外注、アルバイトやパートを増やす、正社員を立てる、法人化するなど、売上規模に応じて発展させていくことができます。

2-5.発展：ブランディング

最後にブランディングですが、以前の商品がメディアに取り上げられていたりすると、「また新商品もお願いします」といった形で、メディアの担当者にお願いすることもできますし、そうしてブランディングされた商品が増えてくると、会社や事業自体のブランディングもどんどん高くなっていきます。結果的には取引がしやすくなるということです。

このように、「ひとり貿易」は螺旋を描いて上にどんどん成長

していく、というような構造になっています。

「ひとり貿易」のビジネスモデルが完成するまで

今でこそ、多くのクライアントが「ひとり貿易」で結果を出し、自由な貿易家として活躍されていますが、ここまでくるには紆余曲折がありました。

私はこの 10 年間、愚直に実践を重ねてきました。そして何度も失敗を繰り返し、やっと「ひとり貿易」にたどり着くことができたのです。

そのことを説明するために、少し私のビジネスの経歴をお話しさせてください。

実は、私は圧倒的にマイナスからのスタートでした……。

プロミュージシャンから貿易家へ

私はかつて、ビジュアル系バンドのギタリストとして活動してきました。24 歳の時に東芝 EMI というレコード会社からメジャーデビュー。その頃はビジュアル系ロックバンドの全盛期で、たくさんのバンドと一緒に全国でライブをしていました。ライブをするほどお客さんはどんどん増えて、どんどん上り詰めている、そんな感覚の日々でした。

同期には竹下総理の孫である DAIGO や SID というビジュアル系バンドがいます。彼らと一緒に全国でライブをしたり、CD をリリースしてテレビやラジオに出演するということを続

第2章 「ひとり貿易」とは？

けていました。日本武道館でライブ演奏をしたこともあります。

　しかし、ある時、所属していた音楽事務所が事実上の倒産。そこで私たちは放り出されてしまいました。

　さまざまな音楽事務所に挨拶に行きましたが、「メジャー落ち」と言って一度失敗をしたというイメージを持たれてしまうと、なかなか良い条件で契約してくれる音楽事務所はありません。

　私たちは自分たちで事務所をつくり活動していこうと決めました。しかし、その時はすでに全国規模で活動していたので、自分たちだけでマネジメントするのは大変なことでした。お金やスケジュールの管理、ファンクラブの運営、プロモーション、そして楽曲制作、ライブ活動。メンバーは音楽活動以外のことでどんどん疲弊していきました。そして、誰からともなく「もう疲れた……」という声が上がり、バンドは解散をすることになりました。

　そこからさまざまなバンド活動や音楽活動を経て、ギタリストとしてバックバンドの仕事やスタジオでレコーディングの仕事などもしていましたが、30歳を過ぎる頃から、このまま自分が音楽を続けていくことに自信が持てなくなってしまったのです。

　ある時、次から次へと出てくる若手バンドを見ているうちに、**「もう過去の自分にはかなわないんじゃないか」**と悟ってしまった瞬間がありました。自分の才能のなさを知り、認めざるを得なくなってしまう瞬間。これはとても残酷でつらいことです。

　悩んだ結果、私は今まで命よりも大事にしてきた音楽活動をすべてやめることを決心しました。未来がもう描けなくなって

しまったからです。それならば今までやってきたことをすべて捨てて、第2の人生を始めようと思ったのでした。

過去は絶対に振り返らない、そう心に決めて……。

2008年の年末、私は東京での最後のライブを機に、音楽活動を引退しました。12年間プロとしてやってきた音楽。最後のステージはファンや関係者など多くの方々に見送られ、東京渋谷のライブ会場は満席。とても感動的なピリオドとなりました。

しかし、翌日から私に待っていたのは、とんでもない虚無感、そして喪失感だったのです。

虚無感と喪失感。借金地獄、絶望のどん底へ

今まで音楽しかやってこなかった。ほかにできることなんて何もない。勇ましく新しいことをやろうと決めて音楽をやめたまではよかったけれど、何をして生きていけばいいのかわからない。自分はなんてとんでもないものを手放してしまった……。

深く、深く、絶望しました。

音楽でデビューした経験があるとはいえ、社会的には34歳の何もできない男です。

また実は、バンド時代に200万円以上の借金をつくってしまっていました。A社から借りたお金を返済するためにB社からお金を借り、それを返済するためにさらにC社からお金を借り……という、典型的な借金地獄のスパイラルにはまってしまっていたのです。当時の私には、完済できる術は何もありま

第2章「ひとり貿易」とは？

せんでした。

「おそらくサラリーマンにはなれないだろう。今さら誰も使ってくれるわけないだろう。それならば自分でやるしかない」

そう思ったものの、精神状態は限界に達していました。

ある日、道端を歩いていると脇にタンポポが咲いていました。それを見ただけで、涙があふれて止まらないのです。

「このタンポポは、こんなに咲き誇っているのに、今の自分にはもう何の価値もない。これからどうやって生きていけばいいんだ。この先どうやって生きていけばいいんだ……」

落ちるところまで落ちて、私は吹っ切れました。

……やるしかねぇ。

そこからは生きるか死ぬかの覚悟で、輸入ビジネスという世界に没頭していきました。

衝撃的だったヤフオクとの出会い

話は 2000 年頃にさかのぼります。

ギタリストだった頃の私は、自分の使わない機材を楽器屋に持って行って下取りをしてもらいました。

しかし中古の楽器というのは、極端に価値が下がります。たとえば、2万円で買ってきたギターのエフェクターを持って行ったら、「傷がついてるね。箱がないよね。説明書もないの？」などと言われて査定額が落ちていき、最終的には買取額 300 円、なんてザラにあるのです。

それでも買ってもらえるだけありがたいということで、泣く

泣く手放すしかありませんでした。

しかし1999年、Yahoo! オークション（ヤフオク）が登場しました。ヤフオクで自分の使わなくなった機材を売ると、なんと**2万円で買ったものが同額に近い値段で売れる**ではありませんか。これはすごいと思いました。

私にとってはもう不要なものでも、価値があるものだったら、日本のどこかに住んでいる誰かが欲しいと言って買ってくれるのです。

「これはすごい‼」

オークションというものの仕組みに、ものすごく興奮したことを今でも覚えています。そこで私は自分の使わない機材や、安く買ってきた機材をヤフオクで売って小遣い稼ぎをするようになっていきました。しかし、その頃はまだ、これが私の人生を変えてくれるものになるとは夢にも思っていませんでした。

海外では3分の1の価格で販売されていた

楽器や機材は、主にアメリカやヨーロッパなど海外から日本に入ってきます。

ある時、私はインターネットでアメリカのeBayというオークションサイトに出会いました。

eBayを見ていると、なんと**日本で買おうとしている価格よりも3分の1から4分の1の価格で販売されていた**のです。

「こんなに安いのか！」

これはかなりの衝撃でした。しだいに私はeBayから自分の

第2章「ひとり貿易」とは？

欲しい機材を買ってきて自分で使い、いらなくなったら日本のヤフオクで売るということをやっていくようになります。

気持ちを殴り書きしたスケッチブック。
そこに「輸入」の2文字が

音楽を完全に引退して毎日絶望しきっていた私は、このままじゃいけない、何かやらないと、とビジネス書などを買って勉強するようになりました。

そこで買った本の中にあった「ブレインダンプ」と「マインドマップ」というものを知ります。今の自分を客観的に見つめるために、頭の中にある気持ちをすべて紙に書き落として整理するというやり方でした。

ある日、私は文房具屋に行き、一番大きなスケッチブックを買ってきました。そこに今の自分の感情、気持ち、思い、後悔、希望、嫉妬（しっと）など、思いつく限りのことを書いていきました。

見る見るスケッチブックが埋まっていき、もうひとしきり書き尽くしたという時に冷静に見てみると、そこには「**輸入**」の2文字が書いてあったのです。

まさに eBay から楽器を買って日本のヤフオクで売るということをしていた私が、「もしかしたら、これを本気でやったら何とかなるんじゃないか？」とひらめいた瞬間でした。

確信もありました。なぜならば、私は楽器や機材の目利きができたからです。eBay で古いヴィンテージの楽器を仕入れて日本のヤフオクで販売したら、それだけで飯ぐらいは食えるようになれるのではないか？

期待は高まるばかりでした。

自分の先を行く師匠との出会い

本気で輸入ビジネスでやっていこうと決めた私が最初にしたことは、**教えてくれる人（＝師匠）を探すこと**でした。

音楽しかやってこなかった人間が、いきなり商売で成功できるとは夢にも思えなかったのです。芸事の世界にいたこともあり、師匠と弟子という関係には馴染みもありました。

この決断は、今振り返っても最高の判断だったと思います。

私は、自分のやりたいことを教えてくれそうな人を一生懸命探しました。今でこそインターネットで輸入ビジネスをするための情報はあふれるほどあります。しかし、その頃はまだ何も情報がありませんでした。

そんな中で素晴らしい先生に出会うことができたのです。『月商1000万円！輸入ビジネスで儲かる77の秘密』（フォレスト出版）などの著者でもある、マーケティングコンサルタントの森治男さんです。先生との出会いから、私の快進撃が始まりました。

とにかく先生にあっと言わせたい、喜んでほしい、そんな気持ちがますます私を輸入ビジネスにのめり込ませたのです。無我夢中で、寝ても覚めても輸入ビジネスに向き合いました。

そして、本格的にビジネスを始めたその年、個人で年商3000万円を売り上げました。あまりに売り上げが上がってしまったことに恐怖を覚えた私は、税理士事務所を訪れ、法人化することにしたのです。

そして、法人1年目で年商1億円を突破。翌年には年商2億

円と、順調に売り上げを伸ばしていきました。

　もちろんすべてが順風満帆だったわけではありません。

　たとえば、ある中国の工場に騙されて、お金を振り込んだら連絡が取れなくなったり、コピー品をつかまされて知的財産権の侵害で商品を焼却処分されたり、はたまたパートナーがお金を持って逃げてしまったりと、大きな失敗を何度も重ねました。

　そんな中でも素晴らしい師匠やパートナーの方々のおかげで、売り上げを伸ばしていくことができたのです。

　何度も心が折れそうになりながら、つかみかけた一筋の光を頼りに、私は必死で輸入ビジネスに取り組みました。

「大竹さん、このままじゃ会社がつぶれますよ」

　こうして売り上げを上げていくことができた私は、イケイケドンドンで商品を仕入れては販売を繰り返していました。

　しかしこの時、何か違和感を覚え始めていたのです。

　売り上げは伸びている、明らかに出荷数も増えている。なのに、やればやるほど苦しくなっていく。お金が手元に残らない。「なぜだ？　こんなに売れているのに、なぜお金がないんだ？」銀行から融資を受けても、まったくお金が残らないのです。やはり苦しいのは変わらないままでした。

　そんなある日、税理士からこう言われたのです。

「大竹さん、このままじゃ本当にやばいですよ。会社がつぶれます」

　そこで、私はさんざん悩んだ結果、ある1つの答えにたどり着きました。

「今までのやり方ではダメなんだ……。これは間違ったやり方なんだ……」

薄利多売、転売ビジネスの罠

　その頃、私がやっていた輸入ビジネスのやり方というのは、まずヤフオクで売れているものを調査して、アメリカの eBay や amazon.com、ホールセラー（卸販売業者）、中国のアリババ（卸販売サイト）で仕入れをして、日本の楽天市場やネットショップ、ヤフオク、amazon で販売するというやり方です。

　このような販売の仕方を「輸入転売ビジネス」と言います。

　特にアメリカから仕入れたブランド商品を「並行輸入品」というのですが、海外メーカーからの正規のルートでの仕入れではないので、日本の正規代理店が販売する価格よりも安く販売することができるというメリットがあります。

　購入するお客様にとっては、正規代理店からの説明書や保証サービスなどを受けられないというデメリットがありますが、私のショップで独自保証を付けることで安心して購入していただけるようにしていました。

　転売ビジネスではあるけれど、付加価値を高めてライバルのショップと差別化をすることで、楽天市場のランキングでも長期的に販売ランキング1位を獲得するなど、圧倒的な販売をしていました。

　しかし目立ってしまうと、まねをされるのが世の常。しだいに、私と同じようにサービスの付加価値を高めて販売するショップ

第2章 「ひとり貿易」とは？

が増えていきました。なかには私を上回るサービスを付帯して販売するお店も出てきて、価格もどんどん下がっていきました。

そうなると、同じ商品を販売していることに変わりはありませんので、値下げをしないと売れなくなります。必然的に値下げして販売をすることになり、それでも売れにくくなっていくので、広告を出したり、キャンペーンを組んだりと、宣伝広告費がどんどんかさんでいきます。

こうして薄利多売という状態になっていきます。

会社は赤字でもつぶれません。しかし、キャッシュ（資金）がショートしたら簡単につぶれてしまいます。

このまま薄利多売を続けていたら倒産する……。

売り上げは伸びているにもかかわらず、お金がどんどん減っていく感覚。悩んで胃がキリキリして眠れない日々が続く中、私は「このまま続けたらつぶれてしまう。やり方を変えなければ生き残っていけない」という答えにいき着きました。

人と同じ商品を販売している限り、このループからは逃れられない。自分にしか販売できない商品を、しっかりと利益を取って販売する。独占販売＋高利益率の適利適売のビジネスを構築していかなければ、長くビジネスをやっていくことはできないということを悟りました。

壮大な貿易の世界との出会い

いろいろと勉強していくと、輸入ビジネスを突き詰めた先には、壮大な貿易という世界がありました。

海外メーカーから直接仕入れて、日本の代理店として独占販

売をしていく。あるいは中国の工場などで自分のオリジナル商品をつくっていく。これを「上流仕入れ」と言います。

　私は貿易の本を読みあさり、ジェトロやミプロなど貿易振興会のセミナーを受けたりしていくうちに、海外に展示会という商品見本市があることを知りました。

　そして、見よう見まねで自分でも海外の展示会に行き始めるようになったのです。

　海外の展示会の圧倒的な広さ、豊富で魅力的な商品群。海外メーカーとの人と人との付き合い、そして海外ならではの非日常的な体験。たちまち私は、海外展示会にのめり込んでいくようになりました。

とても個人には無理がある高すぎる貿易の壁

　海外の展示会に行くようになり、素晴らしい商品を自分で見るようになったのですが、やはり貿易は個人には無理だと思い知ることになります。

　たとえば、海外メーカーから仕入れをする時に「MOQ＝最低発注数量」というものがあります。頑張って交渉して最低注文数が300個になったとしても、やはり売れるかどうかわからない商品を300個も抱えるのは、相当資金が必要ですし、大きなリスクがあります。

　それならば、やはり利益が薄くても転売輸入ビジネスのほうがやりやすい、個人はそちらを選ぶしかないのかと思いました。

　また、海外のメーカーとの交渉がうまくいったとして、どうやって販売をしていくかということが問題になりますが、貿易関連の本には、

第2章 「ひとり貿易」とは？

「日本での販売は東京ギフトショーなどの国内の展示会に出しましょう！」

「有名百貨店のバイヤーが『どうしても売ってくれ』と列をなしてやってきます！」

と書いてありました。

しかし、自分で東京ギフトショーに申し込みをしようとしてわかったことがありました。

東京ギフトショーに出展する場合、一番小さなスペース（3m×3m）の1コマを借りたとしても、そこにきれいに装飾を施したり、ディスプレイを置いたり、チラシをつくったり、コンパニオンを入れたり、スタッフを呼んできたりと……なんだかんだすると100万円以上の資金が必要だということがわかりました。

売れるかどうかわからない商品のために、さすがにそこまでの先行投資はできない……。

また、頑張って出展してみたものの、確かに有名量販店のバイヤーはやって来てはくれますが、売れるかどうかわからない海外商品をそう簡単には買ってくれませんし、何よりも個人事業主の場合、信用面の問題から直接取引をする（口座を開く）ことは、実際にはほぼ不可能だったのです。

結局、個人が貿易をするには無理があるんだなと感じざるを得ませんでした。

個人に貿易は無理なのか……。
いや個人だからこそできることがあるはずだ！

このようにして貿易という世界の入り口で大きな壁にぶつか

った私ですが、従来の方法ではダメなら新しい方法を模索しようと考え始めました。

　机上の空論ではなく、本当の意味で個人で貿易ができる、そんなやり方やノウハウを自ら実践を繰り返すことで、新しいビジネスモデルをつくっていこうと決意しました。

　そして当時の共同創業者と「一般社団法人まじめに輸入ビジネスを研究する会（通称：ユビケン）」を立ち上げました。

　コンサルティングをする会社ではありますが、僕らは壇上から偉そうにものを伝えていくのではなく、あくまでも自分たちが最前線で実践をして、そこから得られた結果をクライアントにフィードバックして、ともに成長していこう、「研究会」という立ち位置でやっていこうと、パートナーと一緒に誓いました。

　そこで打ち立てたのが、この本でお伝えしている「ひとり貿易」という新しい方法なのです。

Makuake との出会い

　個人が貿易をやるうえで、最後に立ちはだかるのは「仕入れ資金」の壁でした。先ほど述べたように、海外メーカーと取引をする話までいっても、最終的には在庫を仕入れる資金が必要になってくるのです。いくら頑張って交渉をして最低注文数を下げてもらっても、ある程度まとまった資金を用意する必要がありました。

「ここをクリアできる方法はないのか……」

第2章 「ひとり貿易」とは？

　私はさまざまなトライを繰り返し、模索していました。そして、その解決策は意外な場所で見つかったのです。

　2013年9月、私は東京ギフトショーに自社の商品を出展していました。ブースを訪れてくださったたくさんのお客様たちとひとしきり話を終え、ホッとひと息ついていた午後3時頃です。ある若い女性がブースに入って来ました。

「わぁ！　面白い商品がいっぱい並んでますねー！」

　弊社のブースには、海外からの新しくて面白い商品が所狭しと並んでいました。彼女はそれらに興味を持ってくれて、見に来てくれたのです。彼女は名刺を差し出しました。

　そこには「サイバーエージェントクラウドファンディング」という会社名が書いてありました。現在のMakuake（マクアケ）の前身となる会社です。彼女はこの会社のインターン、つまり「来年からここで働きます」という話でした。そして、勉強がてらさまざまな商品を見に来たと言うのです。

　私は「サイバーエージェントさんがクラウドファンディングの事業をやるんですねー」などと、たわいもない話をしながらも、その時はすでに会社を設立して数年経っていたので、自分には関係ないと思っていました。

　当時、クラウドファンディングというものがアメリカで流行っている、ビジネスの立ち上げに有効だというのは、世界的な経営コンサルタントの大前研一さんの講義で学んで知っていました。

　従来は、起業をする際には銀行から融資を受けたり、あるい

はエンジェル投資家からお金を集めてきて会社をつくっていくスタートアップの姿がありました。しかし、今はクラウドファンディングを使って、資金を集めて会社をつくるというケースが、海外では増えてきているというのを学んで知っていたのです。面白い仕組みだなと思っていました。

「なるほどね、クラウドファンディングかぁ……。んっ？　これってもしかして‼」

　稲妻が走った瞬間のことを、今でもはっきりと覚えています。

「これだ！　クラウドファンディングだ！　僕らが求めていたもの『ひとり貿易』のラストのピースは、クラウドファンディングだったんだ！」

　海外の商品というのは、最先端の技術でつくられた新しいものだったり、日本にはない発想でつくられたユニークなものが多いのです。

「日本にはない＝未来」の商品とも言えるわけです。

　海外商品をクラウドファンディングすれば、集まった資金で仕入れをすることができるのではないか？　そうすれば最初の仕入れ資金がなくても海外メーカーと取引ができるのではないか？　一瞬にしていろいろなアイデアが頭を駆けめぐったのです。

　当時は立ち上げ直後で、まさにスタートアップのような状態だった Makuake とのお付き合いが、ここから始まりました。

　何度も打ち合わせを行ううち、クラウドファンディングの大きな可能性にワクワクしました。

勇ましくクラウドファンディングデビュー！
しかし結果は……

　クラウドファンディングが「ひとり貿易」の武器として使えるということは頭の中では理解ができました。そこで私たちは、さっそくチャレンジしようと動き始めました。

　当時の私は、初めての子供が生まれたばかりで、家族3人で暮らしていました。海外に出張して日本に帰って来ると、子供が成長していくのが手に取るようにわかります。

「子供の成長する姿を形に残していきたい」

　私はそう思い、当時雑誌で見た「3Dフィギュア」を家族でつくったら面白いのではないかと思いました。つまり、思い出を写真で残していくだけではなく、成長していく姿を3Dフィギュアで年々残していくのです。そうすれば、子供の成長をわかりやすい形で残せるな、そう思ったのです。

　ある日、私たち家族は、表参道にある3Dフィギュアをつくってくれる会社へ向かいました。しかしそこで、衝撃のひと言を聞かされることになります。

「お子様のフィギュアはつくれません」

　この話を説明するためには、3Dフィギュアの制作方法について解説する必要があります。

　3Dフィギュアというのは、まずは人間の全身をスキャニングします。次にそこで得られたデータをもとに、3Dプリンターが石膏状のフィギュアをつくっていきます。

人間の身体を全身スキャニングするためには、当時の機材で「30秒」の時間がかかりました。スキャニングしている間は、動かずにポーズを取った状態で固まっていないといけません。

　つまり、大人は我慢することができても、子供は動いてしまうのでスキャニングができなかったのです。

　その事実を知り、私たちはひどくがっかりして家に帰って来ました。

「なるほど、まだ家族で３Ｄフィギュアをつくる時代ではないのか……」

　そんな矢先、私は香港エレクトロニクスの展示会で、なんとたった「３秒」でスキャニングができるという機械に出会うのです。３秒だったら子供でも我慢ができる、さらにペットも大丈夫だろう。これを使えば家族で３Ｄフィギュアをつくることができるんじゃないか‼

　興奮気味に海外メーカーと商談をして、日本で販売する権利（総代理権）を得て、Makuakeでプロジェクトを実施することにしたのです。その名も「みんなを３Ｄフィギュアにしてしまうプロジェクト」。

　これからの時代は思い出を写真に残すのではなく、３Ｄフィギュアにして残していきましょう！　というコンセプトのもと、プロジェクトを組み立てていきました。

　中国深圳の工場に足しげく通い、３Ｄフィギュアをスムーズにつくる手順や契約等を進めていきました。カメラマンも連れて行き、本格的なプロモーション動画も撮影しました。諸々含めると200万円弱の先行投資。しかし、私たちのアイデアは絶

第2章 「ひとり貿易」とは？

対に面白いはずだ！　もしも盛り上がりすぎて1000万円も集まった日には３Dプリンター屋に転身せざるを得なくなってしまったらどうしよう……？

　今思えばお恥ずかしいような妄想をしながら、パートナーと無邪気に盛り上がっていました。

　そして丁寧に準備を重ね、いざMakuakeでスタートです。

まったく支援が集まらない……

　勇んでクラウドファンディングを始めたものの、まったく支援は集まらず……。

　結果的には「集まった金額：610848円／支援者10人」。しかも、ほとんどが身内票という大失敗に終わりました。

　その後も洗剤が不要になる「エコハイボール」という韓国の商品でチャレンジしたり、手のひらサイズのカラフルでかわいい音楽スピーカーでチャレンジしたりしました。

　しかし、積極的にトライをするものの、すべて失敗に終わっ

たのです。

　理由は簡単でした。

時代が早すぎたのです。

　当時は誰もクラウドファンディングのことを知りませんでしたし、Makuake のことを知る人は皆無に近い状態でした。

　要は、お客様がやってこないのです。それではファンディングは成立しません。

　もちろん、なかには資金調達に成功するプロジェクトもありましたが、現在（2019 年）と比べれば、まだまだ規模は小さなものでした。

　しかしその後、お笑い芸人で絵本作家のキングコング西野亮廣さんがクラウドファンディングで資金を調達して絵本をつくったり、海外で個展を開いたりと、いろいろなメディアで取り上げられるようになり、徐々に認知度が上がってきました。

　そしてこの数年、ものすごい勢いでクラウドファンディングが注目され始め、Makuake でも何百万、何千万、そして 1 億円超えと、高額に支援されていくプロジェクトが次々に誕生していったのです。

　現在では、私がプロデュースしてきた案件でも 1000 万円超えが続出しています。

　地道に続けてきた結果、いつしか私がプロデュースしたクラウドファンディングのプロジェクトの件数は 130 件を超え、累計売上は 3 億円を超えるまでになりました。

第2章 「ひとり貿易」とは？

まさにクラウドファンディング時代が到来したと言えるのです。

エバンジェリストって何??

私はMakuakeから「エバンジェリスト」の称号をいただいて公式パートナーとして活動しています。

エバンジェリストとはいったい何でしょうか？

エバンジェリストとは、日本語で「伝道師」という意味です。古くはキリスト教の伝道師、つまり、宗教の教えを広めていくといったことです。近年のIT業界では、技術的話題を社内外にわりやすく説明・普及する使命を持つ者を指したりします。

私が伝道していくものは、**クラウドファンディングの素晴らしさをより多くの人に伝えていくこと**。そして、まだ日本に入ってきてない**海外の最先端の商品やユニークな商品、日常をワクワクさせてくれるような楽しい商品を、日本にたくさん橋渡し**しするお手伝いをすること。これが私の使命なのです。

そういった志のもと、貿易家を生み出すための海外展示会の現地コンサルティングなどを世界中で毎月のように開催しています。

「ひとり貿易」＝貿易革命３.０

貿易というのは、大きく言えば自動車や半導体、鉄鋼、ある

いは食品や衣類などといったものの大規模な国際間取引です。この本来の貿易を「貿易1.0」とします。

そして、十数年前にインターネットが登場、著しい普及により**インターネットを使った輸入ビジネス**というものが生まれ始めました。これは革命的な出来事だったと思います。「貿易2.0」の始まりでした。私自身もこの波に乗ってくることができたと言えます。

これはeBayから仕入れてヤフオクで販売する。中国アリババから仕入れて、amazon.co.jpで販売をする。基本的に転売中心の輸入ビジネスです。売れているものを小口で仕入れてくるので、少ない資金でもできて回転も速い。

しかし前述したように、結局同じものを販売しているので参入者が増えたら価格競争になります。小売から仕入れているので利益も薄いのでお金が残りません。

そして、今回お伝えしている「ひとり貿易」というのは、これまでとはまったく違う新しい形の「貿易ビジネス＝貿易3.0」になります。

いわば、**貿易1.0と貿易2.0の良いところを掛け合わせて、クラウドファンディングという新しい武器を使って威力を何倍にもしていく**、そんなイメージと考えています。

貿易革命（貿易3.0）

- 従来の貿易→貿易1.0
- ネット輸入ビジネス（転売中心）→2.0
- ひとり貿易→貿易3.0
- まったく新しい貿易のカタチ

第2章 「ひとり貿易」とは？

「転売屋」と「貿易家」の違い

　ここで貿易２．０の転売系ビジネスと、貿易３．０の「ひとり貿易」の違いを見ていきます。

　まず転売系のビジネスというのは、**みんなと同じ商品を販売する**というのが特徴です。ポイントは価格差を狙ったビジネスと言えます。その商品に対しての思い入れなどは関係なく、ひたすら仕入れ価格と販売価格の差を見て、儲かるか儲からないかを仕入れの判断にしていきます。

　みんなと同じ商品を販売するので、デメリットとしては競争が起こりやすく利益が薄いということになります。

　一方で、貿易家というのは「**ワクワクする商品を自分だけが販売する**」ビジネスです。ポイントは、新しい価値を提供していくビジネスだということです。

　このように話をすると、なんだかきれいごとを言っているように聞こえるかもしれません。

　しかし、今この時代は価値観が多様化しています。

　ひと昔前はテレビや雑誌など、みんながマスメディアの同じ情報を受け取って楽しんでいました。たとえば、みんな小室哲哉さんの音楽を聞いて、安室奈美恵さんが好きというような状態です。マスメディア主導の、みんな好きなものが同じという時代でした。

　しかし、今はSNSやクラウドファンディングなどの新しいツールを使って、個人が発信をしていける時代です。自分と同じような価値観を持った人に向けて、インターネットを経由して

077

どんどんつながっていくことができるのです。

「この商品すごい。私はとてもワクワクする。私と同じ価値観を持っている人だったら絶対喜んでくれるに違いない」
　そうやって考えていくのです。
　転売のように販売する商品に対して何の思い入れも持たないで、機械のようにただ価格差を狙って販売をしていくのか。あるいは**「自分が本当に素晴らしいとワクワクする商品を販売」**していくのか。
　自分が本当に良いと思ったものを見つけてきて、欲しいと言ってくれる人に販売していくことは**とても価値の高いことであり、精神的な満足につながること**でもあります。
　堂々と自分の感性で商品を探していきましょう。

　これまでは、この「ワクワクする商品を自分だけが販売する」という貿易家のやり方には、大きなデメリットがありました。それは、誰もその商品を知らない、ということです。

貿易革命（貿易3.0）

- 転売→みんなと同じ商品を販売する
  ポイント：価格差を狙ったビジネス
  デメリット：競争が起こる・利益が薄い
- 貿易家→ワクワクする商品を自分だけが販売する
  ポイント：新しい価値を提供するビジネス
  デメリット：みんなに知らしめる必要がある

「みんなに知ってもらう」必要があるわけです。

商品を多くの人に知ってもらうために、たとえば広告を出したり、PR活動を行ったり、多くの資金を投入して商品を広めていく必要がありました。これは資金の乏しい個人には、なかなか難しいことでした。

しかし、先ほども書いたように、**今はクラウドファンディングを使うことで、一気にあなたの商品を世の中に知らしめることができる**のです。

ワクワクする商品を探そうという言葉の意味を少し理解していただけたのではないでしょうか。

流通チャネルを把握しておこう

また、別の観点から「ひとり貿易」のビジネス的な魅力をお伝えします。

次の表はメーカーが商品を製造し、その後、消費者の手元に届くまでに、どのように流通していくかというものを示した表になります。

これは次ページ図の一番右にある「消費者」側から見ていくとわかりやすいので、そこから説明をしていきましょう。

まず消費者が1000円で買うものは一番左側にいる「メーカー」が1割以下、つまり50円や100円でつくります。

それを「代理店」が200円〜300円で買い、「卸業者」が400円〜500円で買い、「小売店」が600円〜700円で買い、最後に

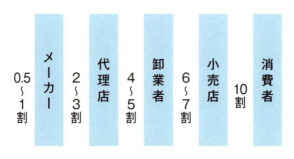

流通チャネル

メーカー 0.5〜1割 → 代理店 2〜3割 → 卸業者 4〜5割 → 小売店 6〜7割 → 消費者 10割

消費者が1000円で買うという流れになります。みんなそれぞれのポイントで利ざやを取っていきます。

　転売系ビジネスの場合、どこから仕入れているかと言うと「小売店」からです。
　その少ない利ざやの中でライバルとせめぎ合いをするので、利益がまったく残らない構造になります。
　ただでさえ利益が少ないところで価格競争が起こり、amazonなど販売サイトの手数料がかかり、送料がかかり、そしてただ1回販売するだけ。
　しかも、競争が激しくなると広告費を使い……ということで、最終的には**ほとんど利益が残らない**ということになってしまうのです。

　これが、まさに私自身が年商1億、2億と駆け上がってきた時にぶつかった壁だったのです。**構造上、利益が出ないように**

なっているのです。

「こんな少ない利ざやの中で勝負していてはダメだ、もっと上流へ行かなければ」と気づきました。

つまり、メーカーや代理店といったところに自分がなっていかないと商売を長くやっていくことができないのです。

重ねて言いますが、事業や会社というのは赤字が出てもつぶれません。しかし利益が残らなくなったり、キャッシュが回らなくなったら、いとも簡単に会社は倒産してしまうのです。

利益が出なくなったら会社は倒産する

政府が発表しているデータによると、10年後の会社の生存率というのは実に6.3％だそうです。つまり、100社誕生した会社のうち、実に94社は10年も経たないうちに倒産しているということになります。

もちろんこれは数字のデータですので、業種を問わずさまざまな職種の総合データになるわけですが、実際問題としてほとんどの会社が消えていくということです。

そうならないためには、しっかりと利益を取れるようなビジネスモデルのうえでさまざまな勝負をしていかなければなりません。

私は10年以上この業界にいますが、当時のライバルたちはどんどん消えていきました。利益を出せなくなって突然破産したり、ほかの業界に移っていったり、あるいは会社員に戻っていった方も多くいます。

長く商売をやっていくためには、より上流へ行く。

　メーカーや代理店といった立場になっていかないと、長く商売を続けることができないのです。

貿易家のビジネスモデル

　貿易家のビジネスモデルは、大きく分けると次の2つになります。

貿易家のビジネスモデル

＜代理店＞ ブランドを日本で 独占的に販売する	＜ OEM ＞ 中国の工場で 自社製品を 製造し、販売する

　1つは、**代理店**と呼ばれるビジネスモデルです。
　これは海外のブランド商品を日本で独占的に販売するというやり方になります。「正規代理店」や「総代理店」と呼ばれるモデルです。ブランドの名前を私たちが日本で広めていき、販売していきます。
　もう1つは、**OEM** と呼ばれるやり方です。
　これは中国の工場で自社製品を製造し、販売するというやり

方です。製造するといっても、実際には商品自体は中国の工場ですでにつくられており、そこに私たちのブランド名や商品名のロゴマークなどを入れて販売していきます。**私たちがメーカーという立場になります。**

　もう少し本格的にデザインを変えていくと ODM と呼びますが、いずれにしても、貿易家のビジネスモデルは代理店か OEM。

　これは最上流のビジネスということになります。

＊　＊

　以上、第2章では「ひとり貿易」について解説してきました。

　何も持たない個人が貿易家になれる、ワクワクする商品を自分だけが販売していける。従来とはまったく新しいビジネスのやり方を理解していただけたのではと思います。

　第3章からは、ついに「ひとり貿易」の実践編です。

【成功事例対談　その２】
50歳からの再スタートで自由を手に
—— 三木正雄さん　東京都　50代　男性

サラリーマンとしての生活が果たして正しいのだろうかといったところがすごくあった

大竹：対談のお相手は、三木さんです。三木さんよろしくお願いします。

三木：よろしくお願いします。

大竹：まずお名前と年齢と経歴を教えてください。

三木：はい。名前は三木正雄と申します。年齢が今51歳で、これまで日本航空の客室部門で仕事をしていました。客室部門では現業と間接部門でも仕事をしていました。

　　　その後はLCCの事業企画や業務企画などをさせていただいて、今回「ひとり貿易」の部分に共感して、大竹さんのプロジェクトに参加させていただきました。

大竹：前職は航空会社ですよね。

三木：はい。

大竹：働かれていて、現在やっている貿易家というビジネスにたどり着くためには、会社員を辞めるとかそういう悩みや判断があったと思うのですが、そのあたりはどういう感じだったのですか？

三木：まず、大竹さんと出会う前に会社を辞める判断をどうしたかという経緯ですけれども、そもそも両親の介護と、肉親である姉が亡くなるということが昨年ありまして。

　　　今後のサラリーマンとしての生活が果たして正しいのだろうかといったところをすごく意識するようになりました。基本的にはサラリーマンをやっていれば収入は絶対ありますが、要はそれ以上でもないです。1人で何かできるタスクもない、自分で商売をできるスキルもないわけですから、自分の中でどういうふうに生きていくかということにものすごく悩んだというのがそもそものきっかけです。

大竹：私のセミナーに来ていただいて、「ひとり貿易」というやり方を

第2章 「ひとり貿易」とは？

知った時に、率直にどういう感想を持ちましたか？

三木：もともと貿易というものをやりたかったというのがありました。まず大竹さんのビジネスというのは、基本的に独占販売権をとるという、商社と同じことを1人でやっていらっしゃる。実際に実践されている人のお話を聞くという機会がなかったので、ものすごく新鮮でした。しかも、私が航空会社でやっていた契約業務も含めて考えると、そういうことを個人レベルでできる時代になったのだなということをものすごく実感しました。これは自分もやってみたいと。率直にやってみたいというふうに感じました。

経済的な面では、自分のやりよう次第でいくらでも売り上げを伸ばすことができる

大竹：三木さんが私のセミナーに来ていただいてから海外の展示会に一緒に行くということになって、1年ぐらいになります。「ひとり貿易」に出会って生活とか経済面とかそういういろんな面でどんな変化がありましたか？

三木：まず生活は激変しました。今までサラリーマンとして毎朝6時に起きて通勤をするという負担がまずなくなりました。私は東京に住んでいますが、以前の勤め先は千葉にあって、だいたい1時間ぐらいかかります。負担はけっこう大きかったです。

その負担がなくなったということが1つと、経済的な面では自分のやりようしだいでいくらでも売り上げを伸ばすことができるということがよくわかりました。

たとえば、自分が売っている商品で独占販売権を持っているということになると、自分しか営業ができない商品ですので、卸でも自由に交渉ができる。amazonでも単純な転売を排除できたりもできます。

大竹：長年ずっとサラリーマンをされてきて、それを50歳で辞めて独立していくというのは、かなりの決断というか勇気だと思うのですが、そのあたりはどういった心境だったのですか？

三木：自分の同期で入社した人もいろいろな苦労とか苦難を抱えながらも、やはりサラリーマンという選択肢しかないという判断をして

仕事をしている人が多いわけです。

私の場合はたまたま子供がいなかったということもあり、その分身軽な動きができたのかもしれません。ただやはり会社を辞めることはすごく大きな判断でした。その決断するにいたった理由としては、基本的にはどこかでサラリーマンもエンドがくるわけです。でもそうなってくると、それが60歳なのか、50歳なのかというだけの話であって。

大竹：早いか遅いか。

三木：早いか遅いかだけです。結果として50歳で辞めて魚を釣る能力を得て生きていくのか、それとも60歳になって魚を獲る能力を得るのか。基本的には魚を獲る能力を早ければ早いうちに覚えたほうがいい。そういった考え方が基本になっています。

やはりそこは大きな違いで、要は年を取れば取るほど考え方が固定化してしまう。基本的な概念などが自分の中で当たり前のことになってしまうと思うのですが、それをぶち壊して次のステップに行かないと。60歳になって「これをやろう」と思っても多分無理だと思ったので。ただ今の段階でも遅すぎたと思うくらいです。

私自身が「使いたい」と思ったので、そこでものすごく攻勢をかけた

大竹：なるほど。もし可能であれば、今使っている商材について説明していただけたらと思います。

三木：まず台湾のCOMPUTEX（コンピューテックス）で出会ったNUMS（ナムス）という商品です。

これはMacBookとSurfaceのトラックパッドカバーですが、それを付けることによってテンキーとか計算機、あとはショートカット機能などが使えるという商品です。今日本の中でも目新しい商品として、認知が徐々に上がってきたのかなというのを実感しています。

こちらの商品も同じように中国の深圳のメーカーですが、自転車のヘルメットのメーカーLIVALL（リボール）がヨーロッパのほうでものすごく受け入れられていて、今飛ぶように売れています。今後やろうとしているのはマイクロドローンという小型の200g

第 2 章 「ひとり貿易」とは？

　　　以下のものすごく高画質な画像が撮れるドローンです。これは
　　　Indiegogo で、今 3 月末で 1 億 4000 万ぐらいのファンディングを
　　　できた商品なのですけども、これの独占契約をとることができた
　　　ので。今後 Makuake などでも紹介していきたいと思っています
　　　（注：執筆現在、Makuake で支援金 3400 万円を突破。開始 4 時
　　　間で 1000 万円を超えるというギネス記録をつくった）。

大竹：三木さんが今扱っている商品で代表的なのは、最初におっしゃっ
　　　た NUMS だと思うのですけど、NUMS との商談とか独占契約に
　　　至るまでのエピソードのようなものを、もしよろしければ教えて
　　　ください。

三木：はい。NUMS に関して言うと、台湾の COMPUTEX で出会って
　　　「この商品はすごい」と思いました。まず私自身 MacBook ユーザ
　　　ーだったので、Mac を使っている人ならテンキーがない不便さと
　　　いうのはずっと感じていると思いました。

大竹：実際、NUMS はすごいアイデア商品です。

三木：ですよね。

大竹：デザイン的にもまったく損ないませんし、むしろかっこいいとい
　　　う感じです。

三木：そういったところを私自身が「使いたい」と思ったので、そこで
　　　ものすごく攻勢をかけました。どういうことかというと、商品に
　　　対する愛情、「これはすごいから、ぜひ扱わせてくれ」というよ
　　　うな愛情と熱意を相手先のメーカーに伝えました。
　　　　そのうえで、この商品をブースで見た次の日も、その次の日も、
　　　毎朝 1 回通って、「ぜひ、これをうちで扱わせて」と担当を膝詰
　　　めで脅すぐらいにやらせてもらいました。それだけでは足りない
　　　だろうと思ったので、COMPUTEX が終わったあとに彼らが台湾
　　　にいると聞いたので、そこで実際の商談をまとめさせていただき
　　　ました。

大竹：COMPUTEX でも商談をしたけど、さらにまた詰めてということ
　　　ですよね。

三木：そうです。やはりそこは彼らもスタートアップなので、別に大企
　　　業などにこだわっているわけではなくて、彼らもできれば売りた

087

い。だけど、熱意を持っている人に関しては、すごく寛容な。自分たちもそういった立場で頑張ってきたというのを見ているので、熱意をすごく大切にしてくれているのかなと、台湾で感じました。

台湾に行った時は社長含めて、技術の責任者とセールス担当者とみんなで話をしたのですけど、そこはものすごく友好的な感じで話ができました。

大竹：この本でも「熱意が大事だ」ということを書いていますが、もともと貿易というのは大きな商社が強いに決まっています。

では、僕ら個人は何ができるかというところで、まず熱意がなければダメでしょうというのがあると思うので、本当に三木さんが体現されたのかなという印象は私も持っています。

商品が正しければ、成功する確率がものすごく高くなってきている

大竹：クラウドファンディングについてちょっとお聞きします。物販クラウドファンディングを三木さんも何度かやられていますが、率直にクラウドファンディングの可能性という点ではどういうふうに感じていらっしゃいますか？

三木：クラウドファンディングは、もともと一般的に考えているのは、まだ完成していないものに資金を調達してつくるというイメージが多いと思います。

ですが、最近 Makuake などがいわゆるマスコミとかメディアに出られていろいろなことをされている中で思うのは、要は完成している商品でも、ファンディングという形をとってプロモーションができるという認知がされ始めていることです。私が参入する以前に比べて、クラウドファンディングで集める金額がさらに上がってきている。クラウドファンディングで物を調達する、プロモーションでも物を買う、安く買えるのだからここで投資しましょうという感覚が一般化してきて、より根づいてきたのかなという流れを、今私自身すごく感じています。

そこに感じる可能性として、商品が正しければファンディングをしたときに成功する確率というのがものすごく高くなってきてい

　　　　　　　　　　　　　　　　　　　　　　　　第 2 章 「ひとり貿易」とは？

　　　る。今まで以上にファンディングがしやすい環境になってきてい
　　　るのではないかと思います。
　　　あともう 1 つあるとしたら、Makuake だけではなくて、いろいろ
　　　なクラウドファンディング会社が今たくさんあります。日本でい
　　　っても上位で言うとやはり Makuake かと。

大竹：GREEN FUNDING、CAMPFIRE とかですね。

三木：そこが上位の 3 社かなと思うのですが、Readyfor であるとか未来
　　　ショッピングであるとか。それに付随するといったら、たとえば
　　　私が今やっている DISCOVER などです。これはまたファンディ
　　　ングとは少し違うのですけれども、そういったいろいろなツール
　　　が出てきて、要はいろいろなファンディング会社でもできる可能
　　　性というのが非常に大きくなってきました。
　　　ファンディングの進みが広がってきて、すでに市民権を得てきた
　　　のかなというところが、かなり大きなチャンスだと思っています。

すぐに行動する人が結局成功している

大竹：では最後になりますが、これから「ひとり貿易」、クラウドファン
　　　ディングをやってみたいという方にメッセージ、あるいはアドバイ
　　　スをお願いします。

三木：クラウドファンディングというと、特別なことと思われる方が多
　　　いと思うのですが、実はすごく身近なものです。いろいろな方に
　　　チャンスがあって、誰でも手を挙げればできることだと思うので
　　　す。それをやるかやらないかというのはその人個人の判断なので
　　　すが、周りを見ているとすぐに行動する人が結局成功されている
　　　かなと思います。
　　　ですので、みなさんも悩まれた時は、大竹さんやいろいろなとこ
　　　ろのツールがあると思うので、まずはそこに話をして、自分のや
　　　ってみたいことを実現してみたらいいのかなと思います。これだ
　　　けクラウドファンディングの可能性、土壌が整っているというの
　　　は今しかないと思うので。
　　　というか、今以上にもっと伸びてきます。リスクはほとんどない
　　　と思うので、やってみることで利益をとれると思います。ぜひ頑

張ってやってみてもらいたいなと思います。

大竹：なるほど。まずはやってみようということですね。

三木：そうです。おそらくリスクをものすごく懸念されているというか、勝手がわからないので敬遠されているという人が多いと思うのです。たとえば物を売るということだけを考えても、単純に楽天とか Yahoo! ショッピング、ヤフオクで転売とか OEM で売ったとしても、それほど認知度は上がらないと思うのです。Makuake に出すということだけでかなり認知度は上がるわけですから。これには何のリスクもないと思いますし、むしろ、ぜひトライする価値はあるのではないかと思っています。

大竹：なるほど。わかりました。ということで、三木正雄さんにお話をうかがってきました。三木さん、どうもありがとうございました。

三木：ありがとうございました。

第3章

あなたの「好き」で
売りたい商品を決める

あなたがワクワクする商品を探せ！

インターネットで商品を探すやり方

1.amazon.com で探す

　実際に商品の探し方についてですが、まず1つ目がアメリカの「amazon.com」で探すというやり方です。みなさんご存じの通り、世界最大のオンライン小売店ですね。

　そこで、amazon.com で検索して商品を探していくわけですが、まずは「ベストセラーランキング」から見るのがお勧めです。そして、その中からできるだけ「評価の数」が多く、「評価のランク（星の数）」が高く、できれば「日本に入ってきていないもの」を見つけていきます。

「できれば」と書いているのは、もしも日本の amazon.co.jp で販売されていても「並行輸入」と書かれて販売されている場合

第3章 あなたの「好き」で売りたい商品を決める

は販売できる可能性があるからです。

商品候補を見つけたら、次に商品タイトルを見ます。タイトルの下には「by ○○」と書いてあります。これは商品のブランド名だったり、メーカーの名前だったりします。

ここをクリックすると、その会社の情報が見られますので、**会社名やブランド名を Google で検索して、会社のホームページから問い合わせをするなどして連絡**をします。

ホームページには「Contact Us」という欄があって、多くの場合、問い合わせフォームがあります。

そして「私たちに日本で販売をさせてほしい！」という内容のメールを送ります。ネットで探すということは、つまりメールを送って交渉していくということになりますので、どんどん積極的に送っていきましょう。

もちろん英語に自信があれば電話をかけてしまってもかまいません。誰か英語が得意な人が身近にいれば電話や Skype などで連絡を取ってもらってもいいでしょう。

交渉内容の例を記しましたので参照してみてください（この本は英会話の本ではありませんので、日本語で解説しますね）。

ご担当者様

はじめまして。株式会社ユビケン代表取締役の大竹と申します。このたびは御社の「○○○○○○」という商品に興味があり、

ご連絡を差し上げました。

　弊社は、日本で主に（ジャンル）の商材を取り扱っており、インターネットでの販売や、量販店への卸販売を行っております。
　昨年度は年商で ××× 円程度の販売実績があります。

　御社の「○○○○○○」は、弊社の調査でも年間で△△△円程度の市場規模があると想定しています。

　ぜひ、お取引をさせていただけませんでしょうか。
　取引条件などお知らせいただけますと幸いです。

　返信をお待ちしております。
　宜しくお願いいたします。

　こんな感じで、簡潔に伝えるだけです。
　ここで1つポイントです。まず、会社ではない場合は「屋号」を書きます。屋号とは事業名のことで、自分で自由に決めてかまいません。たとえば、「大竹トレーディング」というように貿易を連想させるわかりやすい名前がいいでしょう。
　次に「インターネットでの販売や量販店の販売」について、まだ物販ビジネスをやっていない人は、どうしたらいいのかわからないと思います。
　でも、大丈夫です。安心してください。
　たとえば、あなたがメルカリや amazon で何か不用品などを

第3章　あなたの「好き」で売りたい商品を決める

販売した経験があれば、それは立派な販売実績ですし、これからビジネスをしっかりやっていこうとしているので、堂々と言ってしまっていいのです。

大切なのは、相手に「この人と取引したい！」と思ってもらうことです。

次に「昨年度は年商で×××円程度の販売実績があります」とあります。ここは物販ビジネスを始めていない方は、書かなくてもいいでしょう。

ただ実績がある方は、アピールできる箇所なのでここに書いておきます。ほかの事業などをされている方でも、ここに並べて書いておくといいですね。

そして「年間で△△△円程度の市場規模があると想定しています」という箇所があるかと思います。

ここで具体的な数字を提示するというのは、海外のメーカーにとってとても響くメッセージになりますので、リサーチした証を書いておきましょう。

市場規模については、ある程度の見込み数でかまいません。あまり少なく見積もっても相手は乗ってきません。年間売上なので、1000万円ぐらいから3000万円、多くても5000万円ぐらいまで想定していいと思います。

我々としても商品の独占販売権を与えてもらったら、全力で販売していきたい気持ちがあるわけですから、ここはしっかりと伝えておきます。もし実際にリサーチをするなら、クラウドワークスなどで市場調査を行うことができます（133ページ参照）。

とにかく、この段階ではこちらから**可能性をつぶさないこと**を心がけましょう。

そして、「取引条件などお知らせいただけますと幸いです。返信をお待ちしております」と、締めくくりましょう。

では、実際にこのメールの日本語を英語にしてみます（テンプレートは巻末ページよりアクセスして取得してください）。

これは私が取引を重ねてきた中でまとめた、かなり反応率の良いテンプレートなので、ぜひ活用してください。

ただし、1つだけお願いがあります。それは……このまま使わないでくださいということです。なぜかと言いますと、この本を読んでみんなこのテンプレートを使ってしまうと、海外メーカーは、

「Oh！No! 日本からまったく同じ内容で別々の会社からメールがきた！ クレイジー！」

ということで、スパムメールみたいになってしまうので逆効果になります（笑）。

それぞれアレンジして、情熱が伝わる自分なりの文章を構築しましょう。

この後、海外メーカーに聞いていくことは、

「仕入れ価格（日本での希望販売価格も）」「納期」そして「最低発注数量」です。「日本に代理店がいますか？」というのも聞きましょう（第5章で詳しく解説します）。

第3章 あなたの「好き」で売りたい商品を決める

メールのタイトル：Reading your 商品名

To Whom it May Concern（または、Dear Sir or Madam）

Hello,

This is Hideaki Otake, CEO of YUBIKEN Inc.

I am contacting you because we are very impressed with your product AAA.

We are a company that handles products related to（商品のジャンル）and online sales.

We also provide wholesale business to mass retailers.

Last year we had a sales record of around XXX yen.

According to our research, your AAA would

scale to an annual sales amount of XXX yen.

For this reason, we would like to do business with you.

We would be grateful if you let us know about any terms and conditions relating to any future business.

Thank you in advance for your time and assistance.

I'm looking forward to hearing from you.

Best regards,

Hideaki Otake

CEO

YUBIKEN General Incorporated Association.

Win-aoyama942, 2-2-15, Minamiaoyama

Minato-ku, Tokyo, 107-0062, Japan

Tel (+81)3-6868-5138

Fax (+81)3-6893-3931

Email info@yubi-ken.com

URL http://yubi-ken.com/project

貿易取引では、この「最低発注数量」というのが大きなポイントになってきます。これを「**MOQ**」（最低発注数量：Minimum Order Quantity ＝ ミニマム・オーダー・クオンティティー）と呼びます。このあとも出てきますので、ＭＯＱという言葉を覚えておいてください。

あるいは SPQ（標準梱包単位＝最小発注単位：Standard Packing Quantity）という言い方もあるので、覚えておきましょう。

そして「**ロードマップ**」（行程表）を用意しておくことをお勧めします。

	A	5月(May)	6月(June)	7月(July)	8月(Aug.)	9月(Sept.)	10月(Oct.)	11月(Nov.)	12月(Dec.)	2018 TOTAL
2	Events	Golden Week		Summer vacation			Halloween	Black Friday	Cyber Monday Christmas Winter vacation	
3	Internet sales	Makuake about 2 month ━━━➤				Amazon Rakuten	OWN SHOP			
4	Wholesale sale retail					Tokyo Gift Show (2nd week)		Bic Camera Hands Loft, etc. ━━━➤		
5	sales volume			1000	100	150	200	400	400	2250
6	sales forecast (Yen)			¥10,000,000	¥1,000,000	¥1,500,000	¥2,000,000	¥4,000,000	¥4,000,000	¥22,500,000
7	sales forecast (USD)			90909	9091	13636	18182	36364	36364	204545
11		Makuake	https://www.makuake.com/							
12		Tokyo Gift Show	http://www.giftshow.co.jp/english/86tigs/							

これは、我々にとっては「年間販売計画表」です。今後、販売の際に説明するクラウドファンディング販売までの流れや、リターンのお届け予定、その後の一般販売に関する詳細を具体的に伝えることで、あなたのやる気をより知ってもらい、信頼

第3章 あなたの「好き」で売りたい商品を決める

構築につなげる効果があります。もちろん「予定」ですので、確定していなくても大丈夫です。

　変更があるのは普通のことなので、現時点での販売計画を組み立てましょう。

2. 海外のクラウドファンディングサイトで探す

　ここまでは「amazon.com で探す」というやり方を話しましたが、2つ目は海外の「**クラウドファンディングサイト**」で探すというやり方です。

　世界にはクラウドファンディングサイトがたくさんあります。その中でも No.1 と No.2 が「**Kickstarter（キックスターター）**」と「**Indiegogo（インディゴーゴー）**」です。1商品で10億や20億円を売り上げるプロジェクトが存在するサイトです。そんな Kickstarter や Indiegogo で商品を探していきます。

 Kickstarter（https://www.kickstarter.com/）

● Indiegogo（https://www.indiegogo.com/）

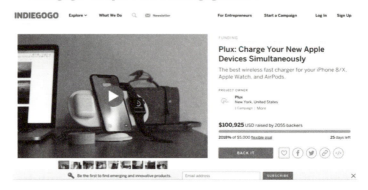

　先ほどと同じ要領でメーカーに連絡をして「日本で販売させてください」というメールを送って話を進めていきます。

　クラウドファンディングサイトのいいところは、彼らはクラウドファンディングで資金を集めて製品化をしているメーカーなので、クラウドファンディングがいかに素晴らしいかということを知っている人たちです。

　ですので、**日本のクラウドファンディングで商品を展開したいというメッセージは、とても刺さりやすい**のです。

　先ほどの amazon.com と比べると、クラウドファンディングサイトのメーカーにメールをしたほうが、契約が決まりやすいでしょう。

　また彼らはまさに**スタートアップ企業**。私たちと同じ貿易家みたいなものです。本当に1人とか2人とか、小さな規模の会社でビジネスをしている、もしくは始めたばかりというような人たちですね。ですので、我々と規模感がすごく近いわけです。

海外メーカーがあまり大きな会社だと、小規模なこちらと対等に取引するのは難しくなることもあります。しかし、スタートアップ企業だと我々も付き合いやすいということは実際あります。

　ここまで、海外のクラウドファンディングサイトで商品を探しましょうという話をしてきましたが、それでも英語が苦手だという方のために「RAKUNEW（ラクニュー）」というサイトをご紹介しておきます。

● RAKUNEW（https://www.rakunew.com/）

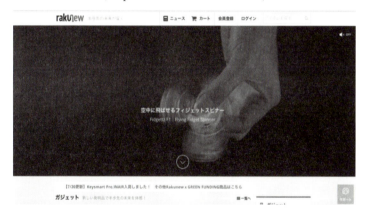

　こちらは海外のクラウドファンディング商品の「輸入代行サービス」のようなことをやっているサイトになります。
　クラウドファンディングサイトの商品ページが全部日本語になっていて、日本人が見てわかりやすいページになっています。
　それこそ、amazonや楽天市場のような感覚で商品を見るこ

とができます。そこから先ほどの要領で、メーカー名や商品名、ブランド名でGoogle検索をして、メーカーのホームページからメールを送っていくという形になります。

　間違ってもRAKUNEWにメールを送らないでくださいね（笑）。

　ここまではインターネットを使って、商品を探していくやり方を紹介してきました。ここで紹介した特定のサイトでなくても、あなたが趣味のネットサーフィンをしている時にいいなと思う会社があって、まだ日本に入ってきていない商品であれば、どんどんメールを送ってみましょう。もしかしたら、思いがけず代理店になれるかもしれません。

　また、別の探し方としては、海外のウェブメディアや雑誌、飛行機に乗った時の座席に置いてあるカタログなどもとても良いと思います。さらに、海外のお店で探してもいいでしょう。
　意外かもしれませんが、**日本に正式な販売店がないというブ**

第3章　あなたの「好き」で売りたい商品を決める

ランドは、世界中にたくさんあります。特にマニアックなジャンルになればなるほど、正規の販売店は少ないものです。

積極的にチャレンジしましょう！

英語が苦手でも大丈夫！

メーカーに送るメールの内容は、ある程度テンプレート化されたものでも大丈夫です。この本でも特典としてお付けしている文章などを送っていきましょう。

今は Google 翻訳の精度も非常に上がっており、英語でしたら多少間違えていても伝わります。

基本的に海外メーカーとは英語でやり取りしますが、アメリカやイギリスなど母国語の方に使う場合と、香港や中国・台湾などアジア圏の、母国語ではない方に使う場合とがあります。

アジア人は母国語ではないので、よく間違えています。それでも良いのです。

お互いに母国語ではないのですから、間違えてもいいやぐらいの気持ちで積極的にしゃべっていきましょう。その心が英語には大事だと思います。自分を主張することが最も大切なのです。

それでも英語は苦手だという方は、Conyac ＝コニャック（https://conyac.cc/ja）など、クラウドの格安の翻訳サービスなどもありますので、活用してみてください。

いくつかパターンをつくってしまうと多少変えるだけでメールができますので、自分なりのテンプレートをつくってしまうのがお勧めです。

海外の展示会で商品を探すやり方

これまでは、インターネットを使って商品を探していくやり方をお話ししてきましたが、ここからは海外に出向いて商品を探すという話になります。

私は圧倒的にこちらをお勧めします。もちろんインターネットで商品を探すのも1つの手ですが、実際に商品を自分の目で見て、触れることができるのに勝るものはありません。

そして、海外に出向く最大のメリット、それは「話がまとまりやすい」ことです。

今この瞬間にも、世界中ではさまざまなジャンル、カテゴリーの展示会が開催されています。

展示会というのは簡単に言うと、新商品のデパートみたいなものだと思ってください。だいたい1つの展示会に2000社から4000社が出展しています。仮に1つの会社が10商品展示していたとすれば、2万点から4万点の新商品を一度に見ることができるということです。

そして自分の足で会場を回り、ブースで商品を見て、実際に触って使ってみる。何か疑問点があれば、ブースの人、メーカーの人に直接話を聞くことができます。これはものすごい時間

第3章　あなたの「好き」で売りたい商品を決める

短縮になります。

展示会というのは、**ビジネスマッチングの場**です。メーカーは商品を売りたい、こちらは商品を買いたい。お互いの気持ちが合致しているので、とても話が早いのです。

日本の商社や貿易会社（販売会社）も海外の展示会に行っているのですが、よく海外の方から言われるのは、「日本人はビジネスのスピードが遅い」ということです。

日本の場合、会社から代表して来ていれば、「検討いたします」「上司（会社）の了解を得てからご返事差し上げます」という具合で、その場で商談が成立しないことがほとんどだそうです。

しかし、「ひとり貿易」ならば、自分でその商品を扱いたいかどうかその場で決められます。そして、条件が合えばその場で契約成立です。海外のメーカーは、多少条件を呑んでも、ビジネスはその場で交渉を成立させることのほうを大事にしているのです。あなたも行ってみればわかりますが、海外のビジネスのスピードの速さに驚かされるはずです。これも海外展示会をお勧めする理由です。

さて、先ほどまで説明してきた、インターネットで商品を探していくやり方は、いわばこちらから一方的にメールを送るような形です。

つまり、相手が日本への取引先を開拓したいと望んでいるかどうかに限らず、こちらから一方的にアプローチしている感じです。ですので、無視されたりすることも多いのですが、展示

会だったらそんなことはありません。

　そして、展示会に出展してきているメーカーというのは、世界で自分たちの商品を展開したいと思っている、ものすごく意識が高いメーカーです。

　考えてもみてください、展示会に出展するために数百万、数千万円をかけ、スタッフも5人10人、20人と連れて5日間も時間をつくり、やって来ているわけです。

　だからこそ、真剣なメーカーが多いので、商品も品質が優れていて対応もしっかりしているところが多いのです。

　それでは、ここからは私、大竹が世界中の展示会をめぐってきた中でも、特にお勧めの展示会をご紹介したいと思います。

1. 香港エレクトロニクス・フェア

　こちらは毎年4月と10月に香港で開催される **「電子系の展示会」** です。

　香港という土地柄もあり、中国の工場やアジア周辺のメーカーが出展してることが多く、それ以外にも香港・台湾・韓国・インドネシアなどのメーカーが出展しています。代理店ビジネスも狙えるし、OEMも狙えるということで、とてもバランスの良い電子系の展示会だと言えます。

　会場には「スタートアップゾーン」というスタートアップの企業が集まったブースがあり、そこではクラウドファンディングなどでアイデアを製品化したメーカーたちが集まっています。アジア圏の企業は、日本人にとっても製造や輸送が速く、取引しやすいことも大きな特徴です。

第3章 あなたの「好き」で売りたい商品を決める

2. 香港グローバルソース

こちらも毎年4月と10月に開催されています。香港空港の隣のアジアエキスポという会場で展開されます。

厳密に言うと「グローバルソース・エレクトロニクス」「グローバルソース・モバイル」「グローバルソース・ファッション」という形でカテゴリー別に分かれます。

こちらは、リアル・アリババとでも言うべきか、中国深圳の工場が出展している場合が多く、**OEM向きの展示会**と言えます。ここにもスタートアップゾーンがありますので、クラウドファンディング向きの商品を探しやすいです。

3. 香港メガショー（香港ギフト・プレミアム）

　こちらは毎年4月に開催されるギフト・プレミアムと10月のメガショーの**「総合雑貨展示会」**になります。東京ギフトショーの香港版のような感じです。

　雑貨とは家庭用品、キッチン＆ダイニング、ライフスタイル製品、玩具・ゲーム・文房具、クリスマス・季節商品などなど「消費財」と呼ばれる日々の生活の中で身近な生活雑貨や日用品ですね。

　さまざまなジャンルの商品が出展されていますので、まだ具体的な商品ジャンルが固まっていない方はここに行ってみるといいでしょう。

　ここまで香港の展示会をご紹介してきましたが、香港は日本からのアクセスも最高です。

第3章 あなたの「好き」で売りたい商品を決める

　渡航費用を安く抑えたければ、飛行機もＬＣＣ（格安航空券）を使うと羽田空港や成田国際空港、関西空港からも往復で2万円台からチケットがあります。

　ホテルもドミトリーという安い宿泊施設を使うと、1泊3000円ぐらいで個室に泊まることができます。または Airbnb（エアビーアンドビー）など民泊で会場の近くに泊まることもできますので、ここはぜひ調べてみてください。

　私も香港の展示会に通い始めた駆け出しの頃は、深夜便で香港まで飛び、空港のベンチで雑魚寝して、展示会に行っていました（笑）。

　そういったさまざまな経験や体験というのは、まさに海外ならではの醍醐味であり、人生を豊かにしてくれると思っていま

す（危険なところには行かないようにしましょう！）。

4. 台湾コンピューテックス

　毎年5月末から6月頭に台北で開催されています。台湾という国は電子機器の技術が発達している国です。**高性能な電子系の商材（IoT機器など）**が欲しい方は、ここの展示会に行くといいでしょう。

　そして、台湾という国は「親日」で、とても日本人に感覚が似ています。私の会社でも台湾メーカーの代理店をやっていますが、仕事は早くきっちりとこなしてくれますし、話も合います。取引がしやすいのも、貿易では大きなメリットと言えるでしょう。

　また、男性諸君にお勧めしたいのが、台湾コンピューテックスには美女（コンパニオン）がたくさん集まっているというこ

とです(笑)。

ホールを歩いていると、突然爆音が鳴り響き、ライブイベントさながらにステージが始まります。そこにカメラ小僧がどどどどっと集まってきて、展示会とは思えないパフォーマンス。必見です。

5. ドイツ アンビエンテ&テンデンス

こちらはドイツのフランクフルトで毎年2月と6月に開催される、**世界最大級の「総合雑貨展示会」**となります。

会場もとても大きくて、敷地内をシャトルバスで移動するような広さです。その広さは、なんと東京ドーム6.5杯分！ 4500社が出展しています。とても1日では回りきれません(テンデンスは4分の1程度の規模)。

テーブルウェア、キッチン用品、インテリアアクセサリー、

ギフト雑貨など洗練されたヨーロッパのおしゃれ雑貨が一堂に並んでいます。たとえて言うならば、デパートや百貨店の5階や6階辺りにありそうな、おしゃれな輸入雑貨商品を想像してください。

　こういうものが好きな方や女性にも、かなりお勧めできる展示会です。アンビエンテは毎年2月、テンデンスは6月に開催されます。

6. ドイツ IFA

　次に紹介する「7. アメリカ CES」が世界最大の電子見本市だとするならば、こちらは**ヨーロッパの最大の電子見本市**と言えるでしょう。新しい技術を使った IoT 機器が中心に並んでいます。ドイツのベルリンで毎年8月末に開催されます。ヨーロッパのスタートアップ企業に出会うには最適です。

| 第3章　あなたの「好き」で売りたい商品を決める |

7. アメリカ CES

　毎年1月にアメリカのラスベガスで開催される、**世界最大かつ最先端の「電子見本市」**です。

　世界中の電子系のメーカーが、新商品をこの展示会に合わせてつくってくる、そんな新商品のお披露目の場でもあります。

　もともとはSONY、Panasonicといった大手メーカーの新商品の発表の場という位置付けでした。しかし、最近ではKickstarterやIndiegogoでサクセスしたスタートアップ企業が、海外進出の足掛かりとして出展してくるというような位置付けにもなりました。その数は毎年増え続け、2019年1月にはおよそ800社ものスタートアップ企業が「エウレカパーク」という会場に集いました。それはものすごい熱気であふれていました。

　先ほど説明したように、スタートアップ企業というのは貿易

家に近い規模感であり、クラウドファンディングの素晴らしさを認識しているので、話が合いやすいのもメリットです。

以上、これまで紹介してきた展示会をそれぞれ比較していくと、「欧米」と「アジア」の展示会というふうに大きく2つに分かれますが、それぞれに特徴があります。

まず、欧米のメーカーは代理店候補を探しています。欧米メーカーのブランドを、私たちが日本で代わりに広めていくというようなビジネスになります。

対してアジアは、どちらかと言うと OEM が中心になります。中国は世界の工場と呼ばれていますが、香港や台湾なども同様で、メーカーよりも工場が多い構成になります。

そういう意味でもオリジナル性が高いのは欧米の展示会の商品と言えるでしょう。アジアの展示会は、オリジナリティよりは「量産」というようなイメージになるかと思います。

ズバリ！ お勧めの商品を教えます！

「ひとり貿易」が扱う商品というのは、自分がワクワクするものが前提というのはわかっていただけたかと思います。

では、そのうえで「どんなジャンルの商品を探すのが良いですか？」という話になるかと思います。そこで、ここからは私がお勧めする売れる商品ジャンルを、事例とともに紹介していきます。

第3章 あなたの「好き」で売りたい商品を決める

Makuake のユーザー層から客層を知る

　まず先に、あなたが探してきた商品をクラウドファンディングするサイト、Makuake のメインユーザー（お客様）について共有しておきましょう。

　Makuake で買い物をするお客様は、男女比で言うと**男性8割・女性2割**という形で、男性の比率が高いサイトです。年代で言うと、**1位が40代、2位が30代、3位が50代**というような構成比になります。

　これをひと言で言うと**「新しいもの好きな中年男性」**となるでしょうか。

　品質が悪くてもコスパの良いものを買いたいというよりは、多少高くても新しくて面白そうなもの、便利なもの、暮らしを豊かにしてくれるものを買いたいというお客様が多いのが特徴です。

　みんなが買っているものを安心して買うというよりは、ちょっとチャレンジして新しいものを買ってみたい。衝動買いに近い方も多くいらっしゃるようです。

　収入面でも「多少遊びに使えるお金がある」という方が多いとも言えるでしょう。なぜかと言うと、まずクラウドファンディングの特性上、商品ラインナップは、明日届く生活必需品よりも嗜好品に近いものが多いからです。商品到着まで待つ必要があるのはわかっていても、面白そうだから購入するのです。

　そして、Makuake でもプロジェクト全体の平均支援額は約1万5000円前後だと言われています。もちろん2000円くらいの商品もありますが、支援額の平均は1万円を超えるのです。

amazonや楽天とは購入層が違う。まさにMakuakeユーザー層というものが存在するのです。こういうお客様に響く商品を探す、それもまたリサーチの1つの考え方です。

それでは、Makuakeではどんな商品が売れやすいのでしょうか？　ここでは7つのテーマでお話をしたいと思います。

1. 近未来ハイテク商品

こちらはわかりやすくKickstarterやIndiegogoでヒットしたような、新しくて面白いガジェットが中心となります。物販系クラウドファンディングのイメージは、この近未来ハイテク商品のイメージが強い方もいらっしゃるのではないでしょうか。「VRカメラ」や「忘れ物防止トラッカー」などのプロジェクト

第3章 あなたの「好き」で売りたい商品を決める

ハンズフリーで、安定感抜群！4K+広角の超軽量ウェアラブルVRカメラOmi Cam

は高い人気を集めています。イノベーションが起こりやすいのがハイテク商品。ですので、近年誕生する商品というのは、何らかの形で電子の要素が多いのは事実ですね。

2. お悩み解決商品

文字通り、深い悩みを持っている**お客様の悩みを解決してくれる商品**です。

何にでも効く万能薬ではなくて、ピンポイントで「これに効きます！」というくらいに絞り込んだ、お悩み解決商品が売れています。

たとえば、眠れなくて悩んでいる方の悩みを解消するような快眠グッズというのは、Makuakeでも売れ筋商品の1つです。ほかには、花粉症に苦しむ人に向けた、空気清浄機なども人気でよく売れています。

「こんな商品を待っていた！」というような、お悩み解決商品は、お客様の心にグサッと刺さります。

3. 思い出共有商品

物販の業界では「モノよりコト消費」だと言われています。どういうことかというと、物質的なモノはすでに世の中にあふれています。それよりも今、人々が求めているのは、思い出や体験などの価値に重点が置かれているというデータがあります。

現代人は、もうほとんどのモノを持っています。だからこれからの時代、人はもうモノを買わないのです。そうではなくて、**モノを使って家族や仲間と思い出をつくる**、そのための商品が売れています。代表的なのは、「スポーツ・アウトドア用品」などです。

みなさんご存じの「楽天市場」には、さまざまなカテゴリー

第3章 あなたの「好き」で売りたい商品を決める

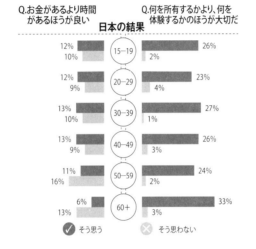

【参考：モノよりコト】
時代は「モノ消費」から「コト消費」へ。製造業だけに限らず、小売・サービス業など幅広い業界でここ数年よく使われている言葉だ。市場は成熟し、すでに必要な「モノ」はほとんど手に入った。そこで人々の関心は「モノ」の所有欲を満たすことから、経験や体験、思い出、人間関係、サービスなどの目に見えない価値である「コト」に移行してきている。（引用：「日経ビジネス」）

※ GfK の調査概要（2016 年夏・インターネット調査）
※調査対象：世界 17 か国の 15 歳以上の消費者 2 万 2000 人（日本での結果を抜粋）

があります。なかでも「スポーツ・アウトドア」カテゴリーは人気のカテゴリーの1つですが、このカテゴリーで一番売れているのが、実は「アウトドアグッズ」なのです。

アウトドアグッズというのは、たとえばランタンを買ってきて部屋で1人で楽しむというよりは、それを持ってキャンプに出かけて家族で電気を灯したり、夜を楽しくしたりする、そう

いう使い方をしますよね。

そして、アウトドアやキャンプで楽しく過ごすには、いろいろなものが必要です。テント・ランタン・寝袋・バーベキューグッズなどなどたくさんのアイテムがあります。そういった意味でも、今需要が伸びているのです。今後もAIの発達などにより体験価値が重視され、ますます伸びていくと思われます。

4. 美容健康ダイエット商品

少子高齢化が進む現代の日本。誰もが100歳まで生きる時代がそこまできています。すると人々の関心は必然的に「いかに健康に長生きできるか？」に移っていきます。

食生活の見直しだけでなく、自宅でトレーニングができるようなグッズも、今大変売れています。

また美容関係は、昔から女性の最大の関心事ですし、今や男性も脱毛や化粧をする時代です。ますます日本人の健康意識が高まっていくのは必然的でしょう。

特にダイエット製品などは、手をかえ品をかえ、ずっと売れ続けていますね。キレイになりたい、ダイエットしてスリムになりたいというような願望は、いつの時代も決してなくならないテーマなのです。

5．定番改良商品

定番商品というのは、**長く愛され続けて売れ続けているから「定番商品」**なのです。

つまり、ずっと需要があり続けている商品です。その商品なしでは生活していけないと思ってる人が多い商品なのです。

ですので、そういった定番商品を、少し改良して便利にしたような商品というのがMakuakeでも売れています。

特にリピートされるような商品だと、クラウドファンディング後の一般販売でも継続的に売れやすくなるのでお勧めです。

ここで重要なのは「少しだけ改良している」ということです。面白いもので、あまりにも改善されすぎている新しい商品というのは、お客様に良さを理解していただくのが難しいのです。きちんと説明ができれば、必ず気に入っていただけるようなものでも、気づかれずにまったく売れないということが意外とあります。

6. ワンランクアップ商品

3でも話に出ましたが、商品はあふれかえり、モノには困らない時代になりました。モノよりコト時代に突入し、モノの重要性が薄れていっています。では、どんな商品も売れなくなったのかというと、そうではありません。売れているカテゴリーは当然あります。

そのうちの1つが「ワンランクアップ商品」です。言い換えれば、機能的な価値よりも情緒的な価値に比重を置いた製品と言えます。

ワンランクアップ消費とは、ちょっと高めな価格の商品・サービスを購入する消費スタイルを指し、「ニューラグジュアリー型の消費」と呼ばれることもあります。

単に値段が高めの商品・サービスが選ばれているのではなく、自分の趣味に合い、自分なりのこだわりを示せるような商品・サービスが選ばれているのです。

たとえば、飲み物を持ち歩くためのおしゃれなボトル、一風変わった高級腕時計、トイレを簡単にキレイにできるものなど、たくさんの大ヒット事例があります。

なぜこのようなワンランク上の商品が売れるのかと言うと、

第3章 あなたの「好き」で売りたい商品を決める

スタイリッシュで高性能。手放せない秀逸ボトルFLSK(フラスク)

先に述べた通り、お金に多少余裕のある新しいもの好きな中年男性がクラウドファンディングユーザーにはたくさんいるからでしょうか（笑）。いや「本物を知る大人」が増えているのでしょう！

7. 誰にも負けない情熱商品

　今これを読んでいるあなたにも、昔から好きなものや趣味の1つや2つあると思います。私は長年バンド活動をしていたので、楽器をずっと弾いていましたし、起業当初は楽器の転売をやったりしていました。

　たとえば、ゴルフをしている時が何よりも楽しい、ずっとゲームをしていたいなどいろいろな趣味があるでしょう。自分が好きなものには自然と詳しくなるし、販売していくのも楽しいはずです。そんな**自分の趣味に関連した商品を販売していくこ**

とは、とても健全な気持ちでビジネスができるので、こちらもお勧めです。

犬を飼っている方は、犬は家族同然なので、我が子と同じような気持ちで一緒に生活していることと思います。愛犬家の方は犬の衣服を販売することに長(た)けていることでしょう。

DIYが趣味の方は、便利なマルチ工具グッズを販売することにワクワクできるでしょう。毎日家族のために美味しい料理をつくる主婦の方は、便利でかわいいキッチングッズがいいかもしれません。

カッコ良過ぎて自慢したくなる！関刃物職人による『名刀ペーパーナイフ』

このように、カテゴリーは正直あまり関係ありません。

重要なのは、どれが売れるかよりも「どれを売っていきたいか」なのです。

あなたが好きなこと、熱中できるものを追求していくことが理想の状態です。ぜひ今一度自分自身のことを振り返り、充実したビジネスライフを送れるような商品を探してみてください。

|第3章　あなたの「好き」で売りたい商品を決める|

お客様はどんな方なのか？

あなたの商品を買ってくれるお客様はどんな方なのでしょうか？

このことを考えるのは、どんなビジネスにとっても重要なことです。これは「ペルソナ設定」と言われますが、商品を買うお客様の年齢・性別・職業・生活・収入・趣味などをリアルに1人の人間として想像するのです。

そのお客様は、どういう生活をしているのか、どういうものを好むのか、どういう趣味があるのか、どういうライフスタイルを送っているのかなどを鮮明にイメージして1枚の紙に書いていきます。そうすることで、**商品の説明の仕方や使う言葉が、まるっきり変わってきます。**

ペルソナ設定が難しい場合は、身近にいる人を思い浮かべて、

◆写真 or イラスト
◆今井 麻美

◆27歳　東京都目黒区在住の一人暮らし
◆情報・通信系企業の営業職
◆仕事柄飲み会も多く、帰宅時間も遅くなることが多い
◆仕事もプライベートも妥協するのが嫌、忙しいのが好き
◆同い年の彼氏がいる
◆交友関係は幅広く、基本的にどんな人とも仲良くなれる
◆お金を貯めるのは基本苦手。浪費傾向あり。
◆興味の対象も幅広く友人から誘われたイベントなども積極的に参加する
◆SNSをよく閲覧し、たまに投稿もする。新しい情報を得るのもSNSからが多い

25歳を過ぎてから以前よりも太りやすく痩せにくくなったと感じている。でも飲み会を減らすのも嫌だし、基本的に忙しいので運動する時間を新たに取るのが難しい。今の状況でも太りにくくするための方法がないかなと思っているが、具体的な行動はまだ起こしていない。

引用：プロモニスタ：https://promonista.com/persona-setting/

その中でこの商品を買ってくれそうな人は誰かと考えるのも1つの手です。リアルに思い浮かべることができます。

　たとえば、同僚のガジェット好きの田中さんが買ってくれそうな気がするならば、田中さんをイメージして、どんなふうに商品を紹介したら伝わりやすいかというのを考える必要があります。

お客様の絞りすぎは良くない？

　このような話をすると、よく聞かれるのがお客様を絞りすぎないほうが良いのではないかということです。

　しかし、情報過多のこの時代、人々は皆、情報の海の中を泳いでいるようなものです。なので、自分に関係ない情報というのは、シャットアウトして生きています。脳がそのような構造になっているのです。そうしないと、あらゆる情報に溺れてしまうからです。

　たとえば、電車の中を思い出してください。広告であふれていませんか？　街の風景を思い出してください。看板であふれていませんか？　テレビを思い出してください。ＣＭがいつも流れていませんか？　インターネットを思い出してください。広告がいつも出ていませんか？

　このように我々は、**広告の中で生活している**と言っても過言ではありません。街や電車、インターネットなど、1人が1日に目にしている広告の数は3000〜5000とも言われています。

第3章　あなたの「好き」で売りたい商品を決める

　しかし、それだけの数を毎日目にしているにもかかわらず、私たち人間は意識しないと気がつかないような脳の仕組みになっているのです。

　そんな中で、自分の商品を伝えるには**「これはあなたのための商品だよ！」**というふうに伝えていく必要があります。

　たとえば、渋谷のセンター街（人通りの多い繁華街でもいいです）をイメージしてください。そこで大勢の人たちがいる前で「25歳の女性の方はいますか？」と呼びかけると、25歳の女性が振り向きます。それ以外の人は振り向きません。さらに「25歳の女性で婚活をしている方！」というと、25歳で婚活をしている方が振り向きます。

　このように焦点を絞り、「あなたに問いかけているんだよ！」というのを明確に伝えないと、人々はなかなか自分ごととは思ってくれません。

　ただし、実際には「25歳の女性で婚活をしている方！」と呼びかけても、23〜28歳ぐらいまでの女性の方、あるいは婚活をしている男性もちらっと振り向くでしょう。

　ですから、絞りすぎるからといってほかのターゲット層がまったく買わないということではないのです。むしろターゲットを絞ることで色が濃くなり、光が強くなり、気になって見てくれるということがあります。

　大切なことは、**いかに勇気を持ってターゲットを絞り込めるか**ということです。

　ひと昔前だったら「売れ筋商品」と言われる、わかりやすい

ヒット商品がありました。しかし、今は多様化の時代です。みんなバラバラに自分の好きなものを探します。

だからこそ、売れるかもしれないけれど興味が持てないモノを売るのではなく、あなたが本当にワクワクする面白いと思えるモノを探してきて、それを売るのです。

あなたと同じ価値観を持った人たちが喜んで欲しいと言ってくれるはずです。

さらにクラウドファンディングというのは趣味性の高いものも売れます。クラウドファンディングで注目を集めやすいのは**「新しくてユニーク」**なもの。あなたがワクワクする好きなものと相性がピッタリな可能性はとても高いかもしれません。

市場調査のやり方

それではここから、海外で見つけてきた商品が実際に売れるかどうかを予測していくための**「市場調査のやり方」**というのを、お話ししていきます。

ここでは初心者でも比較的簡単にできるような方法をお伝えします。

＜市場調査＞

1. 競合商品との比較（競合優位性）
2. 検索ボリュームを調べる
3. トレンドの傾向をつかむ
4. クラウドワークスでアンケートを取る

---

1. 競合商品との比較（競合優位性）

まずは、競合商品との比較です。

すでに販売されている類似商品と比較して、優れている点を探します。

比較するポイントは「価格」「機能」「デザイン」「USP」「コンセプト」などです。

まず価格ですが、競合商品より必ずしも安くする必要はありませんが、高いなら高いなりの理由が必要になってきます。特にあとから出てくる商品になるわけですので、何らかのメリットが打ち出せないと、先行する競合商品には敵わなくなってしまいます。

また、商品には「値ごろ感」というものもありますので、機能や性能なども考慮して冷静に考えていきます（仕入れ価格から販売価格を計算していく方法は、このあとでお話しします）。

たとえば、私は「おしゃれなシリコン製の自転車のスマホホルダー」を販売しているのですが、その経緯からお話しさせてください。

2016年の夏に「ポケモンGO！」が大ヒットしました。その際にamazon.co.jpでは、自転車のスマホホルダーが軒並み売り切れになりました。

「なるほど、みんな自転車に乗りながら『ポケモンGO！』をやるんだな」

私はそう理解しました。

そこで amazon のランキングを細かく見ていくと、その当時に自転車のホルダーは、「黒いプラスチック製で男性的で無骨なモノ」しかありませんでした。

そこで私は、過去に香港の展示会で見つけていた「おしゃれなシリコン製の自転車のホルダー」を思い出しました（次ページ参照）。

「カラフルでシリコン製、女性的でおしゃれで柔らかい雰囲気」な自転車ホルダーです。世界的なデザイン賞である「IF デザイン賞」も獲得している商品でした。

「自転車ホルダー市場はある。そこに異色なものを突っ込んだら、ヒットが生まれるのではないか？」

そのように仮説を立てたのです。

結果、大ヒット商品となりました。特に、実際に自転車に乗られている「サイクリスト」から大きな支持をいただくことができました。

現在でもビックカメラや東急ハンズ、LOFT などで売れ続けています。

これは「**レッドオーシャンの中に、ニッチをつくる**」という戦略になりますが、このような考え方は、ヒット商品を生み出すのにとても大切な考え方になります。

「USP」というのは「Unique Selling Proposition（ユニーク・セリング・プロポジション）」の略で、**あなたの商品だけが持っている独自性、ウリ**を意味します。

競合商品と比べて、何が優れているのか、何がウリなのか、お客様に一瞬でわかるような打ち出し方ができると訴求が強く

第3章 あなたの「好き」で売りたい商品を決める

なります。

　このあとで、クラウドファンディングの商品ページをつくる際にも大事になってきますので、商品を探しながら「USP」も一緒に考えられるようになると、よりビジネスが楽しくなっていきます。

2. 検索ボリュームを調べる

　お客様があなたの商品をインターネットで検索して探す場合、どんなキーワードで検索をして探しにくるでしょうか？

　そのキーワードの月間のおおよその検索数を調べることで、その商品が注目されているかどうかの指標になります。

　一番有名なのは、Google が無料で提供する「キーワードプランナー」というツールです。無料だとおおよその数しかわからないのですが、市場調査には十分かと思います。

※ https://ads.google.com/intl/ja_jp/home/tools/keyword-planner/

3. トレンドの傾向をつかむ

「プロダクトライフサイクル」という言葉があります。これは**製品が市場に登場してから退場するまでの間**を指します。

製品ライフサイクルは4つの段階より構成されます。

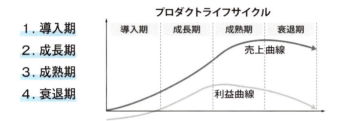

こちらも Google が無料で提供する「トレンド」というツールを使うことで、その商品が、まだ導入期なのか、さらに伸びていく成長期なのか、あるいは成熟期を迎えているのか、もう衰

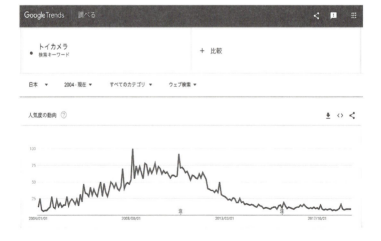

退期に入っているのかなど、トレンドをつかむことができます。

　たとえば、これは「トイカメラ」で検索をした結果です。私が輸入ビジネスを本格的に始めた2008年頃は、ちょっとしたトイカメラブームがあり、私もたくさん販売をしてきました。

　しかし2019年現在、Googleトレンド（https://trends.google.co.jp/trends/）で見ると、明らかに衰退期に入っています。今からトイカメラ市場に入っていけますか？　と聞かれたら、やめたほうが良いという判断になるわけです。

4. クラウドワークスでアンケートを取る

　クラウドワークス（https://crowdworks.jp/）で、いろいろな人からアンケートを取ることができます。この商品をどう思いますか？　いくらぐらいなら買いますか？　など、事前にリサーチすることで市場調査をすることができます。

　1件5〜10円程度でも、2〜3日で数百件は集まりますので、1つの判断基準として活用することをお勧めします。

　＜アンケートで聞くこと（例）＞
　●この商品欲しいですか？（欲しい人の意見を参考にする）
　●価格（いくらだったらギリギリ買いますか？）
　●年代と性別（ターゲットの設定）
　●最大の懸念点（自由に記入→Q＆Aに反映）
　●最大の良いと思う点（自由に記入→ウリの発見）

【成功事例対談　その3】
まったくの未経験から独立して730万円を稼ぐ

—— 田口縁さん　大阪府　40代　女性

つい2カ月前までは看護師しかやったことのなかった私が……

大竹：お名前と差し支えなければ年齢、それから経歴をお願いします。

田口：はい。年齢は40歳です。言いたくないです（笑）。

大竹：今ピーッと言っておきました。

田口：はい（笑）。経歴は20歳で看護師の免許をとって、そこから今年の2月までずっと看護師でした。

大竹：つい先日までですよね。

田口：そうです。2カ月ぐらい前まで。看護師しかやっていませんでした。

大竹：それまでに自分で看護師以外に仕事をするとか、自分で何か事業をしてみようということはあったのですか？

田口：いろいろ考えてはみたのですけど、どうせするなら自分の好きなことをしたいと思っていました。たとえば、私は日本酒が好きだから日本酒で何か事業をしたいとかは思っていて。海外に日本酒を輸出していっぱい売れたらいいな、みたいなことはずっと考えていたのですけど、やはり資金の面とかノウハウとか人脈とかそういうのをいろいろ考えていたら、まだ今は無理かなと。

大竹：つまりアイデアはあったけども、やり方がわからなかったということですね。

田口：そうです。

大竹：なるほど。そこで「ひとり貿易」というものに出会ったと。最初に「ひとり貿易」の話を聞いた時はどういうふうに思いました？

田口：「ひとり貿易」という言葉自体初めてでした。

大竹：そうですよね。

田口：そもそも輸出ビジネスをやってみたかったので、貿易に近いなと。何か気になる、面白そうだと思って、セミナーに行かせていただきました。

大竹：セミナーを聞いたときに、自分の中ではこれだったらできそうという感じだったのですか？

田口：私は実績も何もないから、無理だなと思いました。でも、それは大竹先生方がバックアップしてくれるというのを信じて参加しました。

「貿易家になる」と言った時点で、職場には「退職します」と言いました

大竹：なるほど。実際やってみて今どんな変化がありましたかという質問なのですけど、もう看護師は辞められたわけではないですか。

田口：はい。

大竹：それはやはり、今回やってみて手ごたえを感じた。これならやっていきたいと思われたという感じですよね？

田口：そうです。もうセカワク（貿易スクール）に入りますと言った時点で、職場には「退職します」と言いました。8月ぐらいの時点で「来年辞めます」と言いに行きました。

大竹：そうなのですね。

田口：だからうまくいったから辞めるとかではなく、もう仕事を貿易家にチェンジしたという感じです。

大竹：そのへんの葛藤などはあまりなかったのですか？　意外と女性の方が切り替えがうまいですよね。男はウジウジ悩みますが。

田口：葛藤は何もなかったです。

大竹：へぇー。長年ずっと看護師さんをやってきて、それで新しいことをやるというのは、けっこうな勇気だと思います。

田口：みなさんはそう言いますが、私は「やっときたか」「やっと辞められる」という感じでした。

大竹：辞める理由ができたということですか？

田口：そうです。

初めて扱った商品が730万円

大竹：今扱っている商品というのは、ポータブルの空気清浄機ですね。あれは香港の展示会で出会って、結局730万円ぐらいMakuakeで売れたと。

田口：はい。

大竹：このあと結局、まず自分の EC サイトで売っていこうという感じにするのでしたっけ？

田口：そうですね。まだそのへんはあまり考えられていなくて、取りあえず Makuake ストアで販売しています。

大竹：評判はどうですか？

田口：けっこうみんな、「薬がいらなくなりました」「夜よく眠れます」など効いていると言ってくれています。

大竹：それは販売した田口さんもうれしいですよね。

田口：だから商品はいいのだろうなと思います。

大竹：ページでも訴求していましたが、子供のために使うとか、タバコの煙とか、花粉症対策以外にも何かできそうですが。

田口：今日ネイルに行くのですが、ネイリストの方も爪の粉がすごく飛んで、アレルギーが出ると言っていたので、お仕事でそういうことをやっている人に向けてもいいかなと思います。

どこまで売れるのだろうと思うと怖かった

大竹：なるほど。今後こういう商品を見つけたい、こういう感じでやっていきたいということがあれば教えてください。

田口：次は OEM をやってみたいです。OEM をやって、そのあとは今度輸出もやってみたいです。今は輸入のものをもっといろいろ勉強して、できるようになったら輸出をやりたいです。

大竹：それは先ほど言っていた、日本酒を海外で販売したいということなのですか？

田口：そうです。

大竹：それはすごくいいことですね。クラウドファンディングの可能性は感じられました？

田口：これはどこまで続くのだろうという感じです。

大竹：売れすぎてしまって怖いということですか？

田口：そうです。Makuake も新商品がたくさん出てくるので、どこまでいくのだろうみたいなのは少しありました。

大竹：みんな経験するのです。私もありましたけど、最初に売れすぎて

第3章　あなたの「好き」で売りたい商品を決める

しまって怖いという時があります。これまで自分があまり商売を
やってこなかったという時に。

田口：あれは本当に怖かったです。私も破産するのではないかと思いま
した。

大竹：逆に、ですね。

田口：売れすぎて。

大竹：資金繰りの問題などもありますから。でも、今後もこのクラウド
ファンディングを使ってやっていこうかなという感じですか？

田口：はい。展示会にもいろいろと行こうと思いまして。去年はメガシ
ョーに行ったのですけど、今年はエレクトロニクスのほうに行こ
うかと思います。台湾などいろいろやっていますよね。

大竹：そうです。世界中でやっていますから。

田口：旅行も兼ねて行けたらいいと思いまして。

大竹：それが一番いいと思います。前後で旅行、観光をすると言います
か……。

田口：完全に1人だとご飯が寂しいと思います。そこだけです。

大竹：メーカーの人ともいきなりご飯に行くみたいな人もいますよね。

田口：それはまだ経験がないので楽しみにしています。

「何であなたと組んだと思う？　あなたの情熱がすごかったからだよ」と言われた

大竹：では最後になりますが、これから「ひとり貿易」やクラウドファ
ンディングをやってみたい方へ、ちょっと先輩から何かメッセー
ジをお願いします。

田口：やったほうがいいと思います。私は物販なども未経験でしたから、
最初からMakuakeだったのですけど、すごく可能性というか、ド
キドキしたけど単純に面白いなと思いました。だんだん商品を好
きになるという不思議な現象。愛着が湧くというか、そんなもの
も知れてよかったです。

大竹：なるほど。それは大事ですね。やはり愛着がある商品をできれば
扱っていきたいですね。

田口：そうですね。

137

大竹：転売系の人たちは、商品は何でもいい、とにかく価格さえ、利益が出ればいいとやるのですが、結局利益が出ないみたいなことになっていますからね。

田口：メーカーと仲良くなれるというのもとてもいいなと思います。

大竹：台湾メーカーさんでしたけど、台北に行ったのですよね？

田口：はい。いきなり行ってよく来たな、みたいな感じで言われたのですが。

大竹：それも良かったと思います。信頼になっていくというか。

田口：そうですね。「何であなたと組んだと思う？あなたの情熱がすごかったからだよ」と言われて、大竹先生が言っていたものだなと。

大竹：そうです。ずっと「情熱が大事ですよ」と教えていましたよね。

田口：そうですね。言っていた意味がやっとわかったみたいな。

大竹：それは良かったですね。そこから家族ぐるみのような感じになっていく場合もありますから。これからどんどん活躍していってください。期待しています。

田口：ありがとうございます。

第4章

海外のメーカーに
交渉なんてできるの？

海外メーカーは日本での売り先を求めている

　日本の未来は絶望的、衰退していく……この先の不透明な時代が不安視されている我が国ですが、なんだかんだ言われていても「人口1億2000万人の『経済大国JAPAN』」です。

　まだまだ、日本へ進出していないメーカーはたくさんあります。しかも、海外の人から見た日本は、とても独特な印象を持たれています。

　彼らは口をそろえて、こう言います。

　「日本のマーケットは独特でよくわからない、どうやって売ったらいいのかわからない」

　それでもマーケットが大きいこともわかっているので、「ぜひ日本で自分たちの商品を販売したい」「日本の窓口になってくれるパートナーが欲しい」と熱望しています。

　彼らもまた、日本という市場に大きな期待を持っているのです。そして、どんなきっかけでも一緒にビジネスをしてくれるパートナーを求めているのです。

　私たちは個人の貿易家だとしても、立派な日本のバイヤーです。だからこそ、堂々と胸を張って商談や交渉を進めていただきたいと思います。

第4章　海外のメーカーに交渉なんてできるの？

海外とのやり取りは基本的には メールでOK！

　海外メーカーとのやり取りは、基本的にメールで行います。

　ですので、英語が苦手な方でもGoogle翻訳を使ったり、翻訳サービスを利用したりして、ゆっくり文章をつくりながら彼らとのやり取りができます。

　もちろん英語が得意な人のほうが有利な面はあると思いますが、さまざまなツールやサービスを使うことで、ほぼその差は関係ないと言えます。

　前章でもお話ししましたが、特にアジア圏のメーカーの場合、彼らも英語は母国語ではないので間違っていることも普通です。ですから、わからないところは確認を繰り返しながら堂々と話を進めていけばいいのです。

　何よりも大事なことは、あなたがその商品に惚れ込んでいるかということ。

「どうしてもあなたの商品を日本で販売させてほしい！」

　こういった情熱のほうが、言語よりも断然大切なのです。

　余談ですが、ヨーロッパ人はメールのレスポンスがとても遅いです。アメリカ人もそんなに早くはありません。逆に、香港・中国・台湾などアジア人は1～2時間後には返事が返ってくるくらい、とてもレスポンスが早いです。これは国民性と言うべきでしょうか。

　私たちはヨーロッパのレスの遅さを、通称「白人タイム」と呼んでいるのですが、ヨーロッパのメーカーとの取引では1週

間ぐらい返事がこないこともザラです。

　突然バカンスに行ってしまい、2週間も音沙汰なしということもあります。

　私たちにとっては冷や汗ものですが、そういう人種なのだと理解しておくといいでしょう。

海外とのビジネスにおいての交渉とは？

　先にお話ししておきたい大事なことがあります。ビジネスにおいて、交渉とは何でしょうか？

　少し考えてみてください。

　私の答えは……

　ビジネスにおいての交渉とは「自分の要求をギリギリまで通すこと」です。

　大事なことなのでもう一度言います。

　ビジネスにおいての交渉というのは、「自分の要求をギリギリまで通すこと」なのです。

　日本人は議論や交渉などが苦手だと言われています。それは、私たちがそういう教育を受けてきていないからなのかもしれませんし、日本人のDNAなのかもしれません。

　しかし、海外はそうではありません。自分が思ったことをどんどん主張していく文化です。だから、ビジネスにおいての交

渉でも、要求はしっかりと伝えるべきなのです。

ビジネスで大事なのは Win-Win だとよく言われます。

それはもちろんその通りなのですが、Win-Win の状態になるためには、まずは相手に交渉の席に座ってもらう必要があります。そして取引が生まれて商売が始まり、ともに Win-Win を目指していくということが非常に重要です。

お互いがしっかりと手をつないでから、ビジネスが進んでいくということが前提になります。どちらか一方が得をするだけでは Win-Win とは言えないわけです。ここを勘違いしている方も多いので、改めて説明をしました。

買う側（私たち）としては、なるべく安く買いたい、なるべく早く届けてほしい、なるべく品質の良いものをつくってほしいなどの要求があるわけですから、それを丁寧に相手に伝えていくというのが大事です。ここで遠慮してしまうと、うまくいかなくなり、Win-Win の関係にはなれません。

まずは相手にこの人と取引したいと思ってもらい、興味を持ってもらい交渉の席に座ってもらうことが必要なのです。

メーカーにこちらを振り向かせるテクニック

取引をするにあたり、最初に心得ておくべきことがあります。

まず1つ目は、対面の場合は、**まっすぐ相手の目を見て話すこと**です。

なんだそんなことかと思うかもしれませんが、基本的なことほど大切です。自信なげに下を向きながら話したり、よそ見をしながら話すのと、相手の目を見て話すのとでは、どちらが相手に気持ちが伝わるかは言うまでもありません。

相手の目を見つめたら、3秒数えましょう。そしてニッコリして話を進めていきます。

日常の会話で無意識に相手の目を見ないで話している人にとっては、これは意識しなければできません。決して難しいことではないのですが、普段やっていないことは簡単にはなかなかできないもの。取引のような大事な話の場では、しっかり相手の目を見て自信を持って話しましょう。

2つ目は、**彼らが何を望んでいるかを察すること**です。

当然ですが、ビジネスをするのですから相手にも目的があります。たとえば「日本でこの商品を1000個売ってくれるのだったら、あなたと取引するよ」と思っているかもしれません。あるいは「日本のデパートに商品を並べたい」と考えているかもしれません。

仮にきつめの提案だったとしても、取引する前から無理な値引き交渉や無意味な質問を繰り返すと、相手もがっかりしてしまいます。「一緒に頑張って、あなたの素晴らしい商品を日本で広めましょう！」という姿勢で話を進めましょう。

もしも相手からの質問に対して具体的な回答ができない場合は、質問には質問で返します。

たとえば「年間の販売目標は何個ですか？」と聞かれた場合は、「あなたは何個売りたいと考えていますか？」と返します。

第4章　海外のメーカーに交渉なんてできるの？

すると「年間 3000 個は売りたい」などと返答があるので「それならば、私に任せてください」と返せます。

　あるいは、すでにほかの国で販売されている場合、「アメリカでは年間何個売れているのですか？」と返します。その数字を基準として、日本での数字を決めていくのも有効です。

　そして、3つ目は、**情熱を目いっぱい伝えること**です。

　その商品にどれだけ自分が惚れ込んでいるかを熱くプレゼンしましょう。

「あなたの商品を販売したい」と淡々と話す人と、「あなたの商品は最高です！　ぜひ私に任せてください！　私ならこの商品を日本中に広げられます！」と気持ちを込めて話す人がいたら、あなたはどちらを選びたいでしょうか？

　条件面などを横に置いたとすれば、もちろん後者を選ぶでしょう。誰だって自分の商品をすごく気に入ってくれて、一生懸命売ってくれそうな人に任せたいはずです。

　最重要事項は英語力ではありません、気持ちの強さです。

　取引の場では、熱苦しいくらいの情熱を相手にぶつけましょう。大袈裟なぐらいがちょうどいいのです。

　たとえば、海外展示会などで本気で惚れ込んだ商品に出会ったら、翌日もブースに通ったり、**日本のお菓子などをプレゼントするぐらいの情熱**が相手の心に響きます。

　ギフトをプレゼントするやり方は、私も昔から実践をしてきましたが、好感度は非常に高いです。

　これまで私のクライアントにも勧めてきて、結果的に大手ライバル企業を押しのけ、取引を獲得してきた事例も数多くあり

145

ます。とても効果的なやり方ですので、覚えておいてください。ちなみに「東京バナナ」は海外の方に大好評のようです（笑）。

「個人」だからこそ交渉が有利な理由とは？

　一般的に貿易や物販というのは資金が多いほうが強いのは言うまでもありません。実績がものを言う世界です。実績も何もない個人がとても太刀打ちできるとは常識で考えたらあり得ないですし、実際によくその点については質問されます。

　しかし、個人だからこそ有利なことがあるのです。それは何でしょうか？

　答えは「一点集中」です。

　我々のような個人や小規模な会社というのは、1つの商品に集中することができます。

　一般的に輸入商社はたくさんの商品を取り扱っていて、たくさんの商品の代理店です。それぞれの商品に対して、すべてしっかりとプロモーションができているかというと、そんなことはありません。

　たとえば、一番売れるもの、一番利益率が高いもの、早く届けられるものなど、その会社にとって都合が良いものからプロモーションしていくことになります。すると全部が均等にプロモーションされているわけではないので、いわば置き去りにな

第4章 海外のメーカーに交渉なんてできるの？

ってしまっている商品もあるわけです。

その置き去りになっている商品の裏にはメーカーがいます。彼らは、自分たちの愛する商品が望んだように販売されない状況を見て、「もっとしっかり売ってほしいのに……」と不満を持っていることが多いのです。

ですから、我々は**「私たちに任せてください！ この1商品に集中して必ず売ります！」**とアピールするのです。個人が交渉を有利にもっていくためには、これしかありません。

そして、私たちは**クラウドファンディングという新しい武器（売るための方法）**が使えます。

まだまだ一般的には、クラウドファンディングが貿易に使えることは、それほど知られていません。

クラウドファンディングが、先行販売やテストマーケティングができることを丁寧に説明してあげることで、個人でも海外メーカーから強い興味を持ってもらうことができます。

そして、クラウドファンディングを使ってでもいいので、とにかく全力でその商品を売ります。そこで実績をつくるのです。そうすることで海外メーカーから「信頼」を増やしていくのです。

すると、しっかりと販売をした実績から、
「それでは他の商品も販売してください」
「ほかのブランド商品も扱ってくれませんか？」
「仕入れ価格を下げて提供します」
「すべてあなたに任せます！」
という感じで、どんどん有利な条件も与えてもらえるように

147

発展していきます。

　まずは1商品のみの「正規販売店」から「正規代理店」へ。そして「総代理店」というふうに、メーカーとのつながりを深めていきましょう。

　ちなみに、クラウドファンディングは、海外メーカーから見ても「しっかりプロモーションした感」がわかりやすい形で伝わるので、支援額にかかわらず信頼につながりやすいというのもお伝えしておきます。

相手がNOとは言えないオファーを出す

　それでは具体的には、どのように海外メーカーと話を進めていけばいいのでしょうか。

　ここでは、相手の首を横には振らせない「Noとは言えない交渉＝オファー」の仕方をお伝えします。

　これは実際に、私自身が現場で行っていることであり、クライアントにも教えている内容ですので、とても価値が高い内容だと思っていただけるとうれしいです。

　オファーは大きく分けると4つの提案となります。

1．Makuakeでの先行販売＆プロモーション
2．ビックカメラ・東急ハンズ・LOFTなど有名量販店への営業（オフライン）

> 第4章　海外のメーカーに交渉なんてできるの？

3．amazon・楽天市場・その他ネットショップなどインターネットでの販売（オンライン）

4．東京インターナショナル・ギフトショーへ、こちら側の負担で出展

1.Makuakeでの先行販売＆プロモーション

　日本でNo.1のクラウドファンディングサイト「Makuake」で先行販売するというのは大きなポイントになります。

　Makuakeで過去に類似商品のファンディングがあれば、その事例も見せながら、

「過去のプロジェクトでは、類似商品が700万円売れている」

「あなたの商品はこれよりも高性能なので、もっと高い支援額になると思う」

　という感じで説明をしていきます。これだけでも絶大な効果が見込めます。

　ちなみに、メーカーにMakuakeの話をすると、「クラウドファンディング？　もうKickstarterでやったよ？」と聞いてくるメーカーがいます。

　つまり、**もうすでにやっているのに、なぜもう一度やるのか？**と聞いてきているわけです。そこで、

「今、日本では新しい販売のやり方として、クラウドファンディングで販売することができるのです。商品もこんなに売れますし、プロモーションの効果もあるのです」

　という感じで丁寧に説明します。

　仕組みをきちんと理解してもらえると、ほぼすべてのメーカ

149

ーが、この新しいやり方に興味を持ってくれます。興奮しながら「ぜひやりたい！」と言ってくれるでしょう。

2. ビックカメラ・東急ハンズ・LOFT など有名量販店への営業

やはり大型店舗での展開は、海外メーカーはとても望んでいることです。大口注文を見込めるので、オフラインでの販売をアピールしましょう。

今の段階では、取引口座を持っていなくてもかまいません。熱意を持って営業しますという姿勢で話を進めていきましょう。

ちなみに、ここで挙げている大手量販店はウェブ窓口があるので、インターネットから商品の提案ができるということを知っておいてください。

〈新商品の提案窓口〉

●東急ハンズ

https://www.tokyu-hands.co.jp/company/sinsyohin-01.html

● LOFT

https://www.loft.co.jp/suggestion/

●ビックカメラ

https://www.biccamera.co.jp/bicgroup/products/index.html

●ドン・キホーテ

https://ppi-hd.co.jp/contact/partner8.php

第2章でも書きましたが、日本国内の売買契約の場合、会社と会社の取引というのが一般的なので、実績のない個人が大手量販店と直接つながるのは、ほぼ不可能です。その場合、卸業

者や問屋を間に入れることで、取引をすることが可能になります。

3.amazon・楽天市場・その他ネットショップなどでの販売

ネットでの販売はマストです。オフラインと並行して、オンラインでも売っていくことをしっかり伝えておきましょう。

amazonでの商品の販売については、前著『Amazon個人輸入 はじめる＆儲ける 超実践テク104』（技術評論社）をお読みいただけるとわかりやすいかと思います（おかげ様で、ネット輸入ビジネスのバイブルとして、多くの方にお読みいただいておりますので、オンラインでの販売の参考にしてみてください）。

4.東京インターナショナル・ギフトショーへ、こちら側の 負担で出展

日本で一番大きな展示会、東京インターナショナル・ギフトショーに出展し、B to Bの販路拡大に力を入れることを話しておきましょう（毎年2月・9月、東京ビッグサイトで開催）。

ギフトショーは我々にとって絶好の取引の場です。大きなチャンスがある分、出展料も安くはありません。その出展料もこちらで負担すると言えば、もう首を縦に振るしかありません（笑）。

「そこまでしてくれるなら、もうあなたに任せるよ！」となる確率は、はるかに高くなります。

ギフトショーは出展料を回収できるだけのチャンスはゴロゴロ転がっています。その後の展開を考えると積極的に参加していくことをお勧めしています。

以前の私のように、個人の方や事業をはじめたばかりで先行投資できない場合、すでに出展している会社のブースに商品を置かせていただいたり、または仲間同士で資金を出し合って出展するというやり方もいいでしょう。ただし、東京ギフトショーは規約上「共同出展は NG」となっていますので、代表する会社名義で出展をすることになります。

　弊社でも定期的に出展をしています。B to B の販路拡大に興味がある方は私にご相談ください。

　最後にまとめます。

　これらのオファーというのは、海外メーカーにとって、**いっさいのリスクがなく、最大限の販売拡大が見込める**ような内容になっています。

　つまり、断る理由が１つもないのです。

　この４つのオファーで、自信を持って交渉していきましょう！

在宅ワークでも総代理権を取る方法

　先ほどお話ししたように、海外メーカーとは基本的にメールでやり取りをするので、**商品のリサーチから交渉をすべて在宅で完結すること**もできます。

　まずは１商品を販売させてほしいというところから始めます。

　そして、その商品をしっかりと販売して実績を積み、扱う商品を増やしていき、仕入れ価格を下げてもらうという流れで、

どんどん関係性を深めていき、最終的に「総代理」というところまでつなげていきます。

個人貿易家の強みは、１つの商品にフォーカスできること！
まずは、その１商品に一点集中です。

クラウドファンディングなどを使って、確実に結果を出して実績を積み、より良い条件を獲得していきましょう。

ただし取引が進んできたら、メーカーの会社を訪問することをお勧めします。

私もこれまで何度も海外の取引先に行きましたが、遠い場所からよく来てくれたと大歓迎してくれます。最寄りの空港まで迎えに来てくれたり、豪華なディナーを用意してくれたり、メーカーの社員みなさんで食卓を囲んで一緒に食事をすることもよくあります。

お酒を交わして、相手国との文化の違いや生活習慣の違いなどをお互いに話し合う。お互いの子供の写真を見せ合ったりして楽しく笑う……。

そういったビジネスを通じての海外とのコミュニケーションというのは、まさに貿易家の醍醐味だと思いますので、ぜひ積極的に行ってみてください。絶対に悪いようにならないことは、私が保証します。

ビジネスの面でも、メーカーを訪問すると直接社長と話をする機会もあったりします。社長と話をしているうちに、突然仕入れ価格を下げてくれるなど、奇跡のようなことが起こったりします（笑）。

インターネットで完結できてしまう時代ではありますが、やはり最終的にビジネスは「人」と「人」なのだと、私は貿易を通じて学びました。

相手とリアルで会って、顔を合わせてコミュニケーションを取るというのは、本当に大切なことです。

初公開！ 貿易業界の常識を覆す、禁断の略奪愛テクニック

きわどいタイトルで申し訳ありません（笑）。

このことを説明するために、まず私が海外展示会に行き始めた頃の話をさせてください。

私は社会人経験もなければ、数年前まではただのバンドマンでしかなかった人間です。当然、海外展示会での商談の仕方も、何もかもがわかりませんでした。

そこで、とにかく実践あるのみということで、展示会に行き出展しているブースに片っ端から声をかけていくということをやりました。いわば武者修行ですね。

たくさん数を重ねることで、だんだん商談のコツがつかめてきたのです。こう言えば海外メーカーの人は心を開いてくれる、こっちに興味を持ってくれる、取引をしてくれるということがわかるようになってきました。

そんな時、私の中で衝撃的な、ある１つの出来事が起きたのです。それは「香港ギフト＆プレミアム」という展示会での

出来事です。

　私は、あるブースに置いてあった、とてもおしゃれなゴミ箱が目に入りました。

　そこで、そのブースの担当者の若い女性に、「この商品を日本で販売させてくれませんか？」と尋ねました。

　すると、その若い担当者は、「ごめんなさい。もうすでに日本に代理店がいますので、あなたには販売することができません」と言いました。

　気になった私はスマートフォンを取り出し、その商品名をGoogle で検索しました。すると確かに楽天市場のあるお店で、その商品が販売されていました。

　でも、その販売ページを見ると、お客様からの商品レビューはゼロ。商品ページのつくり込みもなく、まったく売れているようには見えなかったのです。

　そこで私はスマホの画面を担当者に見せて、こう言いました。

「この商品ですよね？　確かに日本の楽天市場で販売されています。だけど全然売れていないですよ。商品のページのつくり方もとても販売しようとしているページではありません。そんなに売れていないですよね？」と聞きました。

　するとその担当者の若い女性は、

「そうなんです。このページで、この金額では売れないですよね。日本人にとってこの商品が9800 円というのはどう思いますか？　その金額では売れないですよね。私たちもそう思っているんです。ですから、日本の代理店にもっと値段を下げてほしい、もっと頑張ってプロモーションしてほしいと伝えているの

ですが、全然動いてくれないんです……」

　このような不平不満を言い出したのです。

　そこで私は、「それならば、私がこの商品を販売しますよ！」
と伝えました。商品の価格はこのぐらいで、販売ページはこん
な感じでと、思いつくまま展開の方法を伝えていくうち、彼女
は段々と顔色が明るくなってきたのです。

　すると……、

「本当ですか!?　本当にあなたがこの商品を日本で販売してく
れるのですか？　もしあなたが販売してくれると言うならば、
私はすぐに今の代理店に電話をかけて契約を終わりにします‼」

　半ば興奮気味で、抱きつきそうな勢いで、私に言ってくるで
はありませんか！（笑）

　この時、私は１つのヒントをつかんだような気がしました。

　つまり、日本に代理店がいるからといって、あきらめてはい
けないのです。

　その代理店がちゃんと販売をしているとは限りません。まし
てや海外メーカーは、今の代理店に満足しているとは限らない
のです。

「その代理店よりも、私たちはもっとこんなことができます。
あんなことができます」

　きちんと気持ちを伝えていけば、話を聞いてくれる可能性は
十分にあります。さらに情熱を持って伝えれば、代理店の権利
を渡してくれる可能性もあるということを知りました。

　さらに、すでに代理店がいたとしても、それは独占販売かど

第4章　海外のメーカーに交渉なんてできるの？

うかわかりません。**独占販売でなければ、私たちにもその商品を仕入れて売ることができる**のです。

　仮にその商品の独占販売権をとられていたとしても、そのブースの中にある**ほかの商品は代理店の権利をとられていない可能性はけっこう高い**のです。

　たとえば、色違いやサイズ違いはどうなのか？　別のモデルはどうなのか？

　とくに新商品に限っては、まだどことも代理店契約をしていないというケースが多いものです。

　ということで、すでに代理店がいると言われても簡単にあきらめず、食い下がっていろんな話をしてみることです。

　契約している代理店への不満だったり、あるいは新商品なら扱えるような話だったり、さまざまな話につながっていきます。

　前述の通り、私は貿易を通じて、ビジネスは「人」と「人」なのだと学びましたが、同時に、これって恋愛に似ているのでは……と思いました。

「俺だったら毎日電話もするし、記念日にはデートに連れて行くし、ブランド品も買ってあげるよ。寂しい思いをさせないよ。だから、あいつと別れて俺と付き合ってほしい！」

　今の恋人（代理店）の不満を聞いてあげて、自分と付き合ったらこんなに楽しいよ（魅力的な販売戦略）と伝えて、略奪（代理店の権利を与えてもらう）する。

　どうでしょうか？　この略奪愛テクニック、ワクワクしませんか？（笑）

157

海外メーカーとの契約はどうしたらいい？

　海外メーカーとの取引は貿易取引になりますので、輸入契約書が必須です。

　輸入契約書を作成する際には「**表面約款**」と「**裏面約款**」があります。表面約款には契約内容、裏面約款には一般取引条項として取引の条件を記載します。

　ですが、先にクラウドファンディングで販売する場合において、テスト販売という位置付けも含んで考えると、本格的な契約書をまだつくらなくても良いと、私は考えています。

　つまり「**表面約款**」だけで良いということです。ワンショット的な契約を交わすのです。

　ここで一番大事なのは、「**価格**」「**MOQ**」「**納期**」、そして「**インコタームズ（取引条件）**」「**支払い方法**」「**保証**」「**法規制への対応**」です。

　クラウドファンディングを実施する場合は、「**（期間限定の）独占販売**」などを、1枚の紙にまとめてサインします。

　なぜならば、本格的な契約である「裏面約款」というのは、長い時間をかけてお互いの要求をまとめ上げていく必要があるからです（というか、そうであるべきなのです）。

　そうしている間に、クラウドファンディングの実施がどんどん先送りになっていき、商品の新鮮さが損なわれていってしまいます。あるいは、もたもたしている間に、話が流れてしまう

第4章　海外のメーカーに交渉なんてできるの？

MEMORANDUM OF UNDERSTANDING（覚書）

MEMORANDUM OF UNDERSTANDING

Date :

The Sellers :

The Buyers :

This Memorandum of Understanding (MOU) is made by and between the Buyers and the Sellers; whereby the Buyers agree to buy and the Sellers agree to sell the under-mentioned goods subject to the terms and conditions as stipulated hereinafter:

Article :

MOQ :

Distributor price :

MSRP :

Trade Terms :　EXW,　　FOB,　　CIF　　/　Export port :

Terms of Payment :　　　% deposit ,　　　　% balance before shipment

Delivery time :

Certificate :　PSE (DENAN),　　TELEC (Bluetooth)

Warranty Time :

Exclusive :　During crowdfunding period in Japanese Market.　OK　/　NO

Specifications :

Sign (The Sellers)　　　　　　　　　　Sign (The Buyers)

\-　　　　\-

159

PURCHASE ORDER（発注書）

PURCHASE CONTRACT

Date :

The Sellers :

The Buyers :

This is to confirm our PURCHASE from you as Seller, and your SALE to us as Buyer, of the undermentioned Goods subject to the following terms and conditions (INCLUDING ALL THOSE PRINTED ON THE REVERSE SIDE HEREOF), which are expressly agreed to and form an integral part of this Contract.

ITEM #	DESCRIPTION	QTY	UNIT PRICE	TOTAL

Trade Terms :

Export port :

Terms of Payment :

Delivery time :

Certificate :

Warranty :

Remarks :

ACCEPTED AND CONFIRMED

Seller
Company name :

Buyer
Company name :

Signature :
Name :
Title :

Signature :
Name :
Title :

第4章　海外のメーカーに交渉なんてできるの？

DISTRIBUTOR AGREEMENT（クラウドファンディング同意書）

DISTRIBUTOR AGREEMENT

This Agreement is made as of the 日付 2019 by and between :

メーカーの会社名,　having its business address at メーカーの住所 hereinafter referred to as "SUPPLIER" and :
あなたの会社名,　having its business address at あなたの会社の住所 hereinafter referred to as "RAISER"

WHEREAS:
After the long discussion with SUPPLIER and RAISER, now both parties have reached the compromises of the following terms for coming Crowd Funding scheme via Makuake Company in Japan Markets from 開始日 to 終了日.

CROWD FUNDING SCHEME DETAILS:
Article name of product : 製品名

EXCLUSIVE :
During the Crowd Funding Period, SUPPLIER will offer an exclusive marketing rights to RAISER in Japan markets. SUPPLIER cannot re-offer to any other 3rd parties in Japan Markets.

MISCELLANEOUS:
Notices any modifications, amendments, addendums or follow on contracts will be executed by the two authorized signatories respectively. When signed and referenced to this AGREEMENT, whether received by mail or facsimile transmission as all and any facsimile or photocopies certified as true copies of the originals by the PARTIES hereto shall be considered as an original, both legally binding and enforceable for the term of this AGREEMENT.

For and on behalf of　　　　　　For and on behalf of
Company name : メーカーの会社名　　Company name : あなたの会社名

Signature　メーカー担当者のサイン　　Signature　あなたのサイン
Name :　メーカー担当者の名前　　　Name :　あなたの名前
Title :　役職　　　　　　　　　　Title :　役職

161

General Terms and Conditions（契約書）

4 - 1

GENERAL TERMS AND CONDITIONS

We, as Buyer, are pleased to confirm this day our purchase from you, as Seller, subject to all of the TERMS AND CONDITIONS ON THE FACE AND RESERVE SIDE HEREOF. If you find herein anything not in order, please let us know immediately. Otherwise, these terms and conditions shall be considered as expressly accepted by you and constitute the ENTIRE AGREEMENT between the parties hereto.

1. NO ADJUSTMENT

The price specified on the face of the Contract shall be firm and final, and not be subject to any adjustment as a result of a change in Seller's cost which may occur due to change in material or labor costs, or freight rate(s), or insurance premium(s), or any increase in tax(es) or duty(ies), or imposition of any new tax(es) or duty(ies).

2. CHARGES

All taxes, export duties, fees, banking charges, and/or any other charges incurred on the Goods, containers and/or documents arising in the country of shipment and/or origin shall be borne by Seller.

3. SHIPMENT

Seller agrees to ship the Goods within the period stipulated on the face of the Contract. In the event Seller fails to make timely shipment of the Goods, Buyer may, upon written notice to Seller, immediately terminate the Contract or extend the period for shipment, in either event without prejudice to any of the rights and remedies available to Buyer.   Seller shall immediately notify Buyer upon completion of loading onto the vessel(s) or aircraft(s) stipulated on the face of the Contract of the particulars of shipment, including the Contract number, vessel's name or flight number, sailing date, loading port, description of the Goods and package, quantity loaded, invoice amount, and any other particulars essential to the Contract.

4. INSPECTION

1) Seller shall inspect the Products prior to shipment at the Seller's factory in accordance with the inspection standards and procedures to be established by Buyer at its sole discretion. Buyer reserves the right, subject to reasonable notice to Seller, to inspect the Products prior to shipment at Seller's factory.

第4章　海外のメーカーに交渉なんてできるの？

4‐2

2）If Buyer informs Seller of any Products that are defective, damaged, or otherwise not conforming to the specifications, Seller shall promptly replace all such Products with substitute shipments by way of airfreight, or in such manner as may be requested by Buyer, at no additional cost to Buyer.

3) Failure of Buyer to inspect any or all of the Products in a timely manner in accordance with the foregoing paragraphs shall not constitute a waiver by Buyer of any right to which Buyer would be entitled to against Seller, including, without limitation, claims for replacement, damages, or recovery of the purchase price of such defective Products.

5．WARRANTY

1）Seller shall convey to Buyer good and merchantable title to the Products free and clear of any encumbrance, lien or security interest. Seller warrants that all Products shall be of the quality specified in the product description and otherwise conform exactly to the drawings, samples, or other specifications, if any, in all respects.

2）Seller also warrants that all Products shall be free from any defects in design, materials, or workmanship and shall be fi t for the intended purpose of Buyer expressed in writing from time to time.

3）This warranty shall survive any inspection, acceptance or payment by Buyer. In the event of any breach by Seller of any of its warranties set forth herein, Buyer shall have the right, at its sole discretion, either to request Seller to repair or replace defective Products or any parts thereof, or to refund a portion of the sales price applicable thereto at Seller's expense without prejudice to any other remedy, and Seller shall be liable for all loss and/or damage, direct or consequential, caused by Seller's breach of any of the warranties hereunder.

6．PRODUCT LIABILITY

Seller shall, at its own expense, indemnify and hold harmless Buyer and/or Buyer's customer(s) from any and all losses, damages （actual, consequential, or indirect) and related costs and expenses in connection with any defects or alleged defects of the Goods.

7．NO ASSIGNMENT

Seller shall not transfer or assign all or any parts of the Contract, or any of Seller's rights or obligations accruing hereunder without Buyer's prior written consent.

8．FORCE MAJEURE

4 - 3

Buyer shall not be liable for any delay or failure in taking delivery of all or any part of the Goods, or for any other default in performance of the Contract due to the occurrence of force majeure, such as Acts of God, war or armed conflict, or any other similar causes that affect Buyer and/or Buyer's customer(s). directly or indirectly.

9．DEFAULT

If Seller fails to perform any provision of the Contract, or is in breach of any terms hereof, or becomes insolvent, Buyer may, by giving a written notice to Seller:

1）stop or suspend the performance of the Contract or any other contract(s) with Seller;

2）reject the shipment or taking delivery of the Goods;

3）cancel the whole or any part of the Contract or any other contract(s) with Seller; and

4）dispose of the Goods, if delivery has been taken, in such manner as Buyer deems appropriate and allocate the proceeds thereof to the satisfaction of any or all of the losses and damages caused by Seller's defaults.

In any such event, Buyer may recover all losses and damages caused by Seller's default, including but not limited to, loss of profit which would have been obtained by Buyer from resale of the Goods and damages caused to any customer purchasing the Goods from Buyer.

10．TRADE TERMS

The trade terms herein used, such as CIF, CFR and, FOB shall be interpreted in accordance with Incoterms 2000 Edition, ICC Publication No.560, unless otherwise specifically provided in the Contract.

11．GOVERNING LAW

The Contract shall be governed by and construed in accordance with the laws of Japan.

12．ARBITRATION

All disputes, controversies, or differences arising out of or in relation to the Contract or the breach hereof shall be settled, unless amicably settled without undue delay, by arbitration in Tokyo, Japan in accordance with the rules of procedure of The Japan Commercial Arbitration Association. The award of arbitration shall be final and binding upon both parties.

第4章　海外のメーカーに交渉なんてできるの？

4 - 4

13. ENTIRE AGREEMENT

The Contract shall constitute the entire and only agreement between Seller and Buyer with respect to the subject matter hereof and shall supersede, cancel and annul all prior agreements.

SELLER: BUYER:

[Company Name]   [Company Name]

By : _____   By : _____
[Name]   [Name]
[Title]   [Title]

出典：「海外ビジネスネットワーク」（東京商工会議所）

ことも多々あります。

　裏面約款とは、たとえば「契約期間」「価格調整禁止」「船積期間の厳守」「契約不履行責任」「準拠法や裁判」など、本格的なパートナーとしての取引条件です。

　これは、テストマーケティングである、クラウドファンディングの結果をもとに、改めてメーカーと商談するべきだと、私は考えているわけです。

　決して契約書を疎かにしろという意味ではありません。

　クラウドファンディングが終わり、その結果のもとに改めて海外メーカーと、今後も本格的にパートナーとしてやっていくのかどうかを話し合いましょう。そして、本格的にパートナーになるのなら、しっかりと時間をかけて契約書を完成させていく。

　ビジネスにはスピード感が非常に大切なのです。

最後に勝つのは情熱だ！

　これまで交渉に必要なさまざまな話をしてきましたが、まとめとして「最後に勝つのは情熱だ！」ということをお伝えしておきます。

　これは決して精神論ではありません。これまで、強い情熱で商談に向かっていき、奇跡としか思えないような代理店獲得劇をいっぱい見てきたから言えることです。

第4章　海外のメーカーに交渉なんてできるの？

　あるクライアントの事例ですが、台湾の展示会で、本当に気に入った商品を見つけました。

　海外メーカーにこの商品を日本で販売させてくださいと言うと、その商品はすでに日本に代理店がいるので販売することはできませんと断られてしまいました。

　その方は本当にその商品が気に入っていたので、私に「大竹さん、何とかしてあの商品の販売権を取れないでしょうか？」と相談されてきました。

　私はとにかく情熱をぶつけましょうとアドバイスしました。

　そのクライアントは、次の日も次の日も足しげくブースに通い、担当者とコミュニケーションを取りました。するとメーカーの担当者の反応が変わってきたのです。

「本当はもう代理店に新商品を紹介するつもりでした。でも、あなたがそこまで言ってくれるんだったら、この商品をあなたが販売できるようにします」

　そう言って、新商品の販売権を与えてくれました。もとの代理店というのは、日本でもとても有名な商社でした。それにもかかわらず、個人である彼に販売権を与えてくれたのです。

　こういうことが現場では起こるのです。

　やはりビジネスは人と人なのだなと思うことがよくあります。

　海外のメーカーさんだってうれしいのです。自分たちが一生懸命に企画開発し、生産し、やっとの思いで完成させて、世界で勝負だと展示会に出展したのですから。

　そんな愛する商品を日本のバイヤーが本当に気に入ってくれ

て、褒め称えてくれて、ぜひ私に販売させてほしいと情熱を持って伝えられたら……。

嫌な気がするわけがありません。

ビジネスの交渉は恋愛に似ているという話をしましたが、やはり自分のことを思ってくれて、愛してくれる人を悪いと思えるわけがありませんよね。

だから、私がいつもクライアントに伝えているのは、本当に素晴らしい商品に出会えたら簡単にあきらめないでほしいということです。商品との出会いも、立派な人生の出会いなのですから。

海外展示会の歩き方

ここからは、海外展示会の歩き方というテーマでお話ししていきます。

どのようにして展示会を立ち回ったら効果的でしょうか？

世界中ではいろいろな展示会が開催されています。詳しくは、ミプロやジェトロのホームページで確認することができます。

どの展示会に行くかを決めたら、まずは公式サイトにアクセスしましょう。公式サイトでいわゆる入場券、入場バッジというものを登録申請します。基本的には、だいたいどこの展示会でも会社（事業者）情報やビジネスのタイプ、興味があるジャンルなどを入力します。そして早めに申し込むと無料で、開催日が近づいてくると有料になっていくというパターンが多いの

第4章　海外のメーカーに交渉なんてできるの？

が特徴です。スケジュールを決めたらなるべく早めに申し込みをすることをお勧めします。

　必要事項を入力しプリントアウトして、入場バッジとして持参するという展示会などもあります。また、最近ではアプリが入場バッジとして使えるような展示会も増えてきました。

　QRコードで商品をコレクションしていって、まとめて情報が見られるようになっていたりと、とても便利なので、各展示会のアプリをインストールしておきましょう。

　次にパスポートが必要です。海外に行くのだから当たり前と思われるかもしれませんが、これまでに何人かパスポートを取っていなかったという方もいらっしゃいますので注意してください。

　また、パスポートの有効期限が半年を切っていると入国できない国もあります。パスポートの更新には意外と時間がかかりますので、早めに準備しましょう。

　またアメリカの場合、エスタ（ESTA）が必要です。エスタとは、電子渡航認証でいわゆるビザ免除システムです。申請は、渡米予定日の72時間以上前までに行う必要があり、空港到着時に事前に承認されたエスタがないと、搭乗を拒否される可能性がありますので、忘れずに申請してください。

　次に航空券の手配です。

　お勧めはエアトリ、スカイスキャナー、トラベルコなどです。

　大きな展示会や何かのイベントと重なる時期は航空券も売り切れることもありますので、早めに準備しましょう。航空予算

を抑えたい方は、LCC格安航空券を利用しましょう。たとえば香港に行く場合、キャセイパシフィックなど通常の航空会社だと6万円台、LCCだと2万円台から往復の航空券が買えます（2019年5月現在）。マイルが使える方はマイルで購入しましょう。

　次に宿泊施設の予約です
　ブッキング・ドット・コム、エクスペディア、アゴダなどがお勧めです。こちらも大きな展示会の時期には、ホテルの値段が高騰しますので、早めに予約をするといいでしょう。
　必ずしも展示会場の近くにホテルを借りなくても、アクセスが良ければ多少離れていても大丈夫です。なかには展示会の開催期間中は、入場バッジで地下鉄が無料で乗れるという展示会もありますので、確認をしてみてください。
　宿泊施設はピンキリです。高級ホテルから普通のホテル、予算を抑えたければ、ビジネスホテルのドミトリー等に泊まるといいでしょう。
　あるいはAirbnb、民泊という選択もありますので、お好きな形で宿泊施設を押さえてください。仲間同士で行く場合は、民泊にみんなで一緒に泊まって、旅行感覚で楽しく過ごすのも面白いですね。

　ちなみに私は、アメリカCESの時は、ラスベガスにAirbnbで1軒家とレンタカーを借り、みんなでワイワイ移動しながら展示会の期間を過ごしています。展示会が終わると、ラスベガスからロサンゼルスに下り、ビーチで数日過ごして休暇を取り

ます。

　また、ドイツのアンビエンテの時には、列車で１時間かけてハイデルベルク城に出かけて、いにしえのドイツの雰囲気を満喫したりしています。

　ビジネスだけではなく、こういった楽しみ方も海外展示会の醍醐味なので覚えておいてください。

通訳の手配はどうする？

　私がお勧めしているやり方は、通訳なしでも海外の展示会を回れるものですが、不安な方や予算がある方は通訳を手配してもいいでしょう。

　通訳の手配の仕方ですが、インターネットで検索してもいいですし、最近ですとトラベロコというサイトをお勧めしています。ここで展示会のアテンド経験者等に呼びかけて、通訳をお願いします。

　通訳の価格の相場ですが、だいたい１日２〜３万円ぐらいからだと思ってください。それ以下になるとまったく経験がない学生だったり、主婦のアルバイトのような方もいますので、見極めが必要です。

　当然こちらも展示会の時期には、通訳依頼が殺到するので早めに手配しておくのがベターです。

●トラベロコ　https://traveloco.jp/

ネット環境の準備をしよう

　海外では Wi-Fi を使える場所というのは多くあり、展示会場の中でも Wi-Fi が飛んでいることがほとんどです。しかし、移動中に Wi-Fi が外れてしまったり、なかなか思うように接続できないこともありますので、ご自身で Wi-Fi 環境を準備しておくことをお勧めしています。

　一番簡単なのは、各キャリアがサービスとして提供している海外プランです。これに申し込みをすれば、日本にいる時と変わらない感覚でスマホを使うことができます。

　次に、Wi-Fi ルーターを日本で借りてくるというのもお勧めです。たとえば、イモトの WiFi やグローバル WiFi など大手の Wi-Fi レンタル会社がありますので借りてから行きましょう。これらは空港で出発する際に受け取ることもできますし、帰国後に空港で返却する窓口もあります。

　最後に最もお勧めなのは、海外 SIM を買うことです。ここでは SIM カードの詳細説明は省きますが、日本のアマゾンで安く買うことができます。なので先に買っておいて持って行き、海外に着いたら SIM カードを入れ替えるというのが 1 番安くつきますし、通信速度も一番早いです。

　SIM カードが使えるかどうかというのは、各スマートフォンのキャリアに問い合わせをしてみてください。

第4章　海外のメーカーに交渉なんてできるの？

　私はいつもこの方法で、海外でインターネットを使っています。ホテルにはだいたい Wi-Fi が完備されていますし、動画を見たりしなければ1週間で1ギガほどあれば十分かと思います。

展示会場での服装について

　よく聞かれるのは、「どんな格好をして海外の展示会に行ったらいいですか？」という質問です。私はいつも、いわゆる**「ビジカジ（ビジネスカジュアル）にしましょう」**と伝えています。

　海外の展示会では日本の展示会とは違って、カジュアルなラフな格好をしている人が多いです。Tシャツ・短パンにサンダルみたいな方もいれば、スーツを着ている方もいます。千差万別ではありますが、我々もビジネスで行くので、ジャケットを羽織るくらいのフォーマルさはあってもいいのかなと思っています。

　それよりも大事なのは靴です。**必ず歩きやすい靴**で行ってください。できればスニーカーなどがいいですね。女性はヒールなどの靴は避けましょう。

　とにかく歩き回りますので、足が痛くなってしまいます。いつも展示会の最終日ぐらいになると、足の皮がむけてしまったり、足を引きずりながら歩いている方もいらっしゃいます。ここが一番注意するポイントかと思いますので、とにかく歩きやすい靴を選びましょう。

どんな名刺を用意すればいい？

　展示会でブースを回る時には、海外メーカーの方に名刺を渡します。もちろん名刺は英語表記です。片面日本語、片面英語でもいいと思います。

　内容は会社名あるいは屋号（個人の場合は屋号が会社名の代わりになります）、あなたの名前、あなたの肩書き。たとえば経営者だったら、CEOとかManaging Director（マネージング・ディレクター）になります。会社の連絡先、郵便番号、住所、電話番号、メールアドレス、ホームページアドレス、これらを書いておけば十分でしょう。

　今では名刺を即日印刷してくれるようなサービスもありますので、時間がギリギリでも用意できます。確実に持っていきましょう。名刺がなくても海外展示会には入れますが、ブースで渡すことができないのは大きな機会損失です。

ホームページも作成しよう

　こちらは絶対ではないのですが、できれば自分の会社や自分の事業のホームページを作成しておきましょう。

　名刺にホームページのアドレスが書いてあれば、海外メーカーは必ず見てくれます。そこで自分の事業の内容や扱っている

商品などを書いておくと、信頼度のアップにつながります。

　ホームページをつくるのが難しいと思っていらっしゃる方は多いのですが、今はその気になれば30分もあればつくれます。たとえばWixやペライチなど、簡単にホームページをつくれるサービスがあります。無料でキレイな仕上がりになるので、そちらを利用してください。できれば日本語と英語表記もあるとベターでしょう。

展示会の立ち回り方

　それでは展示会場はどうやって回っていくのが一番いいのか？　ということで「大竹流 展示会の歩き方」をお話ししたいと思います。

【大竹流・展示会の歩き方】
1．まずは会場全体をひと通り見て回る
2．気になる商品があったら名刺を渡してカタログをもらう。
　　そして、ブースナンバーをメモする
3．集めたカタログを見直して商談に行く

1．まずは会場全体をひと通り見て回る

　せっかく展示会に来たのですから、なるべく商品をたくさん見ましょう。会場内はカテゴリーごとに固まっていますので、自分には関係ないカテゴリーはどんどんスルーしてかまいませ

ん。自分が興味あるカテゴリーは全部見るという意識で、隅から隅まで見て回りましょう。

2. 気になる商品があったら名刺を渡してカタログをもらう。
そして、ブースナンバーをメモする

気になった商品があったら名刺を渡してカタログをもらいましょう。「May I have a catalog？」と声をかけてもいいですし、あるいは「カタログ！ カタログ！」と呪文を唱えるように単語を連発しても出してきてくれます（笑）。

海外メーカーの担当者の名刺と一緒にカタログをもらえますので、ホッチキスで留めてもらいます。そして、ブース入り口の右上か左上にブースナンバーが書いてありますので、それを名刺に書き残しておきます。メモを残しておくと、あとで迷わずにブースに戻ってくることができます。

この段階では、あまり突っ込んだ話は聞かなくても大丈夫です。とにかく初日はカタログを集めることに集中しましょう。

初日から気になる商品について、ブースで突っ込んだ話を聞く人がいるのですが、それよりも、とにかくテンポよく全部の商品を見て回るというのが大事です。

なぜならば、展示会場がとにかく広いからです。１日で回り切れないような展示会もあります。そして５時間、６時間と歩いていると肉体的にも疲れてきます。カタログも増えていくし、荷物も重くなるので余計に疲れてきます。

するとだんだん、「どの商品も良さそうだな！」「どの商品も売れなそうだ」というような、よくわからない精神状態になってきます。つまり、冷静さを失っていくのです。

第4章　海外のメーカーに交渉なんてできるの？

ですので、カタログを集めてきたら、それらを机の上に置いてコーヒーでも飲みながら冷静に見比べていきます。ここで**自分が取り扱いたい商品の「優先順位」をつけていく**というのがとても大切なのです。

これも私がこれまで、たくさんの展示会を回ってきた経験から導いた1つの答えです。

3. 集めたカタログを見直して商談に行く

落ち着いてカタログを精査し、扱いたい商品の優先順位を決める。そして次の日からは、またブースに行って詳しい話を聞いて商談をする。この流れが理想的な展示会の立ち回り方です。

ここで本当に英語が苦手な方は、カタログを集めた段階で日本に帰りましょう。帰国後にじっくりカタログを精査して、メールで海外のメーカーとやり取りすればOKです。

メールの場合は、Google翻訳を使うなどして、時間をかけて英文をつくり、和訳をすることができます。そうすれば、ほぼ英語で会話せずに海外の展示会で商品を探してくることができます。

ブースで海外メーカーの担当者に聞くこと

ブースでは、いったいどんなことを聞けばいいのでしょうか？

大事なのは「商品の価格」「最低発注数量」、そして「納期」です。

価格には2種類あります。私たちがメーカーから仕入れる価

格と日本で販売する価格です。上代と下代という言い方をしますが、英語で言うと、ディストリビュータープライスとリテールプライスです。

最低発注数量は、もう覚えましたよね？ そう、MOQ ですね。アジアの展示会では「１K（ワンケー）」と言って 1000 個からという場合が多いです。あるいは商品によっては 3000 個などを提示されることもありますが、これはあくまでもメーカーの提示している発注数量です。

ここでビビッてしまう方が多いのですが、これは挨拶だと思ってください。その後の商談で注文数を下げていくので大丈夫です。

ちなみにヨーロッパの展示会では、MOQ はゼロ、というか１個からというところが多くあります。そして、注文数に応じて仕入れ額が下がっていく仕組みになっています。

最後に納期です。「メーカーに注文→生産→商品完成→日本に到着→お客様に発送」ができるまで、何日ぐらいかかるかというのが「納期（リードタイム）」です。

これは私たちにとっては、とても重要な問題なのでしっかりと確認をしましょう。

基本的には、在庫がある場合は即時〜数日以内。在庫がない場合は、30 〜 60 日というパターンが多いでしょう。

予定納期を遅れて商品を発送すると、クレームや炎上につながります。ここは私たち販売者の信頼に関わる部分ですので、要注意です。

第4章　海外のメーカーに交渉なんてできるの？

　もし、もう少しブースで話をすることができるのなら、その商品に「すでに日本に代理店がいるかどうか」を聞きましょう。そして代理店がいたとしたら、独占販売権を渡しているのかどうかを聞きます。その返事によって、その次にこちらから質問する内容が変わるからです。商談の進め方についてはこのあと説明します。

本格的な商談の流れ

　海外メーカーの担当者と、実際に英語で商談する場合の簡単な流れを、実際に説明していきましょう。担当者と話す内容は「型通り」に進めればいいので、覚えてしまえばいいだけです。あとは何度も述べたように、あなたの熱意で十分伝わります（笑）。

【本格的な商談の流れ】

1. こんにちは！
Hi! Nice to meet you!

2. 私は●●です。日本から来ました。
My name is Hide, came from Japan.

3、あなたのこの商品に興味があります。
I am interested in this product.

179

4、日本で展開することに興味はありますか？

Are you interested in selling this product in Japanese market?

5、日本に代理店はありますか？

Do you have an existing distributor in Japan?

▼ **「ない」場合：6へ進む**

▼ **「ある」場合：**

●それは独占ですか？ → 誰？ いつまで？ ほかの商品は？
（売れているかどうか、権利はいつまでか確認）

Is it exclusive sales right?

●今の代理店に不満はありますか？
（こちらは「できる！」と伝える）

If you do, is there anything you are not happy with them?

6. 私たちにできることをお話しさせてください。

Please let me point out what I can do for your product.

7. ❶ Makuake を活用したマーケティング

Helping you to launch a Makuake crowdfunding marketing campaign.

8. 私たちは Makuake にてプロモーションを行うのは大きく
５つの目的があると考えています。

第4章　海外のメーカーに交渉なんてできるの？

(1) テストマーケティング（一般販売の前に日本のお客様の反応を見ることができる）

(2) 予約販売（商品が未完成でも販売することができる）

(3) メディア（新聞・テレビ・雑誌・ウェブ）（商品の認知度を上げることができる）

(4) 実績づくり（実績があるかないかで一般販売に大きな影響がある）

(5) ブランディング（類似商品との差別化を明確に示すことができる）

We think that there are big 5 purposes to do promotion on Makuake.

(1) test marketing
This way, we can see how Japanese customers would react to your product before selling it to general.

(2) Pre-sale
Even if the item is incomplete, we can still sell it.

(3) Media (newspapers, TV, magazines, web)
We will take interviews and the product will be featured on each media.

(4) Business results
Whether we have business results or not, this will affect on our general sales.

(5) Branding
We can clearly set this apart from other similar products.

9. ❷ 全国量販店への営業
ハンズ・ロフト・ビックカメラ・ヨドバシ・蔦屋家電など

Promoting your product to B2B wholesale.
 (Major Japanese retailers such as Tokyu Hands, Loft, Bic Camera, Yodobashi Camera and Tsutaya Electronics)

10. ❸ 東京ギフトショー
20 万人のバイヤーが集まる日本最大に、こちら負担で出展します。あなたにリスクはありません。

We can exhibit your product at Tokyo Gift Show where 200,000 visitors will attend during 4 days event and we will take care of cost. There is no risk for you.

11. 私たちのプランはどう思いますか？
What do you think about my plan?

12. ぜひ取引をスタートしましょう！
ただし Makuake を実施するために 1 つだけ条件があります。この商品だけで良いので、独占販売権を与えてください。Makuake のルールで、ファンディング期間中にほかで販売されてはいけないのです。
Kickstarter や Indiegogo も同じルールですので理解してください。

Let's start to work together!
However, in order to launch a campaign in Makuake, there is just one condition.
Please give me an exclusive distribution right for this product, at least during the campaign.

第４章　海外のメーカーに交渉なんてできるの？

Makuake sets the rule any item that is listed on Makuake cannot be sold elsewhere until campaign is closed.
Please understand that Kickstarter and Indiegogo also have same rule.

13. 今日の商談内容を共有しておきましょう。
MOU（Memorandum of Understanding）に取引条件を書き記します。

14. 今日ミーティングした内容を、メモとして１枚の紙に書き残して共有しておきましょう。これは契約書ではありませんので安心してください。

Let's record what we discussed today as MOU and share it each other.
Please don't worry as it is not the contract.

【取引条件の確認】

●価格を教えてください。
（サンプル価格 / 仕入価格 / 日本での希望販売価格）
Please let me know the price (sample price / distributor price / MSRP in Japan)

●最低注文数を教えてください。
Please let me know the MOQ.

●納期はどのぐらいになりますか？
What is the approximate delivery time?

●パッケージはどのような姿になりますか？

How is the package looks like?

●日本で電化製品を販売するためには PSE という認証が必要
です。

In order to sell any electronic product in Japan, you need to obtain the PSE certificate.

●日本で Bluetooth 機器を販売するためには技適マークが必要
です。

In order to sell any product with bluetooth functionality, you need to obtain the TELEC mark.

●支払い方法を教えてください。30% 前払い &70% 発送前で
もよろしいでしょうか？

Please let me know the payment term. Is 30% deposit, 70% before your shipment acceptable?

●今後連絡を取り合う担当者はどなたになりますか？

Who will be my main point of contact for ongoing communi-cation?

● WhatsApp, WeChat, LINE などメール以外の連絡方法も教
えてください。

Please let me know any other communication method other than email such as WhatsApp, WeChat, or LINE.

●今後ともよろしくお願いいたします。

Let's keep in touch.

第4章 海外のメーカーに交渉なんてできるの？

【おまけ：もしも「No」と言われたら……】
「本当の交渉とは、断られてから始まるのだ！」by 大竹秀明

▼「考えさせてほしい……」

●すぐに中国製の類似品が出てくることが予想されます。
　早く日本で展開をして、マーケットシェアを取ってしまい
　ましょう。

I can expect a similar Chinese knock off products will come
out soon.
Then, they will start to sell in Japanese market and take most
of the marketshare.

▼「独占権を与えるのはちょっと……」

● Makuake で展開する期間限定の独占販売権でけっこうです。
　ファンディングの結果を見て、その後の取引を再度検討し
　ましょう。
　そのほうがお互いにとって有益かと思いますが、いかがで
　しょうか？

I am talking about exclusivity just for limited time only during
Makuake campaign.
After we see the result of crowdfunding, we can discuss about
further business then.
I think it will be win-win for both of us. What do you think?

●複数の代理店を持つと一時的に売り上げは上がるでしょう。
　しかし値下げ競争になり、ブランド価値は崩れ、御社の日
　本進出は失敗に終わるでしょう。そうならないように、私
　たちに商品を管理させてほしいのです。

If you have several distributors, your sales will go up tentatively.

However, soon after, it will get into the price battle among them, your brand value will collapse, and your Japanese expansion will fail.

In order to avoid that, I want you to let us taking care of your Japanese market.

●あなたの商品を日本で広めるためには、展示会への出展や広告宣伝など、多大な先行投資が必要です。独占販売権の保護を与えていただけないと、私たちも全力でプロモーションすることができません。

In order to market your product in Japan,there are a lot of upfront investment needed such as exhibiting your product at trade shows and advertisement.

Unless you give us the exclusive distribution right, we cannot commit to invest and promote your product fully.

第4章　海外のメーカーに交渉なんてできるの？

【成功事例対談　その４】
20年のキャリアを捨て、ストレスのない世界へ

—— 松井伸司さん　東京都　50代　男性

サラリーマンは合わない、「会社を辞めたい」と思っていた

大竹：お名前と年齢と経歴を教えてください。

松井：松井伸司です。年齢は今年51歳です。経歴は大学を新卒で出て
　　　から、某大手小売業の会社に入りまして約20年ちょっといまし
　　　て、4年半ぐらい前から独立して今の仕事をしております。

大竹：20年働いていたサラリーマンを辞めるというのはけっこうな勇気
　　　だと思うのですけど、それはもともと辞めようと思っていたので
　　　すか、それとも突発的に辞めてしまったのですか？

松井：辞める1、2年ぐらい前からちょこちょこネット物販的なことを
　　　やっていました。最初は半分副業というか半分趣味というかお小
　　　遣い稼ぎ程度でしたけど。

大竹：物販ですね。

松井：はい。最初はeBay輸出をちょこちょこやっていましたが、その
　　　時はサラリーマンのお小遣い程度でした。流れで中国輸入と言わ
　　　れるものがあることを知り、1回か2回アリババで注文したこと
　　　があるぐらいでしたが、いきなり中国へ。義烏の福田市場などに
　　　行きました。

大竹：中国の義烏ですね。

松井：中国輸入と出会って、なんかいけそうだと思ったのです。その時
　　　点ではまだ始めたばかりで大した稼ぎはなかったのですけど。サ
　　　ラリーマンは合わないので、「会社を辞めたい」という思いはあっ
　　　たのですが、きっかけがなかったというところです。

大竹：それはなぜですか？　給与面なのか、仕事の内容なのかそれとも
　　　やりがいですか？

松井：すごくパーソナルな話になってしまうのであれですけど。体質的
　　　にサラリーマンが合わないということです。集団行動が苦手なの
　　　です。

187

大竹：そういう我慢をしている人はいっぱいいるのでしょうね。

松井：いっぱいいると思います。半分以上はそうではないでしょうか。中国輸入で転売をやっていた時は、たとえばアニメのフィギュアとかトレーディングカードとか時計などを転売していただけでした。でも、中国輸入を突き詰めていくと自分の商品をつくれるという感覚があったのと、ちょっと面白そうだということもあって初めて独立できそうだと思いました。

　　　ただその時点ではまったく稼いでいなかったので、1年後ぐらいに辞めようと思って準備をして。少なくともそのときもらっていた給料と同じぐらい稼げるようになったら辞めてもいいかなくらいに思っていました。多分月の利益は10万ぐらいだったと思います。

大竹：その時に中国輸入というものに大きな可能性を感じたということですよね。

松井：その通りです。

売り上げは伸びているけど、お金が全然残らない

大竹：今では"世界の松井"とみんなに呼ばれているように、本当に自由な貿易家の代表的な人だなと僕自身は思っています。

　　　いろいろな国にフットワーク軽く行っていろいろなものを見つけてきて、それを仕入れてクラウドファンディングをやったり量販店に流したり。あるいはネットで販売されています。

　　　中国輸入からその先というのはどういう感じで広がっていったのですか？

松井：前にいた業界はファッション系の商品をメインで販売しているような会社だったので、その流れでアパレルを売っていました。アパレル以外にも雑貨などいろいろやっていましたが、その時点では半分以上は転売ベースというか、実際はアリババにあるものをそのまま amazon などで売っていました。広州の工場に行ってちょこちょこ始めてはいたのですけど、最初のうちは商品をどんどん増やしていきました。割と多品種少量販売みたいな感じで。

　　　単純に商品が増えていくので順調に売り上げも伸びてはいったの

ですけど、アパレルの OEM を始めてそれが大コケしたこともあり、不良在庫をいっぱい抱えてしまいました。ですから、売り上げは伸びているのですけど、お金が全然残らないというか、融資も受けていたのですけど、逆にどんどんお金が溶けていく感じがあって。

経営的にやり方を変えなくてはいけないと思っていたのが1つと、あと大竹さんと出会って教えてもらいました。単純に仕入れるだけではなくて、実際に展示会に行って商品を探してくるということをやられているのを知っていたので。

でもその時点では、さすがにいきなり海外の見本市に行くというのはちょっとハードル高いなと思ったのですが、ゆくゆくはそういうものをやってみたいというのは独立した時点で思っていました。ということもあり、展示会に行き始めました。

大竹：そこで商品の独占販売権をとれたりして、両方バランスよくやってきているという感じですよね。

松井：そうです。実際に OEM はメンズのアパレルをメインでやっていたのですけど、先ほど言ったようにあまりうまくいかず。実際に展示会に行くようになると、ガジェット系の商品のほうが個人的には面白いなと思いました。単純に単品で販売できるので。

アパレルは SKU（Stock Keeping Unit）がやたら増えてしまう、サイズやカラーがあって、なおかつシーズンが終わってしまうと売れなくなるし。あとトレンドも終わってしまうと売れなくなるということで、ファッションはプロダクトライフサイクルが短いのですごく難しい。あとは感性のところもあるので。

ガジェット系のほうが単品で販売できるので、こちらのほうがいいと思い始めて徐々にシフトしていきました。

今後新しい商品を販売する時に、「これはすごく使える」というふうに考えるようになった

大竹：もし可能であれば、今扱っている商材を何か紹介してください。

松井：ココピタを出しましょうか。

大竹：これは、それこそ今の話の流れで海外の展示会で出会ったという

あなたのアレを好きなところにペッタンコ！使いかた自由な万能ジェルパッド ココピタ

　　　感じですよね。代理店というよりはOEMで。
松井：これはOEMです。
大竹：そうですよね。どういうふうに見せようか、名前から一緒に考えてという感じですよね。これはクラウドファンディングもやって、そのあとは店舗などに卸販売をしているということですよね。
松井：そうです。
大竹：クラウドファンディングの第1号はどれでした？
松井：最初ですか？　それは黒歴史なので（笑）。
大竹：黒歴史（笑）。クラウドファンディングを初めてやったときの感想はどんなものですか？
松井：クラウドファンディングを初めてやったときは、確か2015年です。
大竹：まだ早いほうですね。
松井：そうです。大竹さんはもともとMakuakeとつながりがあって紹介していただいたという感じですけど、大竹さんのクライアントもやっている人はその時点ではまだほとんどいなかったと思います。
大竹：そうですね。まだあまり。
松井：多分大竹さんも、そのときはそれほどクラウドファンディング推しではなかったと思いますね。
大竹：そうですね。自分でやってみてうまくいかなかったので。

第4章　海外のメーカーに交渉なんてできるの？

松井：ただ1回やられていたという話は聞いていて。その時点ではあまり深く考えていなくて、新しいもの好きなのでやったことのないことは取りあえずやってみようと。どっちにしろ、仕入れることは決まっていたので、普通に amazon などで販売するつもりだったのですが、せっかくなのでやったことないので一発やってみようというのが最初です。

大竹：それは手応えとしてはどんな感じですか？

松井：手応えはその時点では良くなかったというか、金額的には大したことなくて。ただそのときは世の中的にもあまりクラウドファンディング自体が認知されていなかったということもあるし、商材的にもあまりビジネス系には合わないものでした。
ただクラウドファンディングに出して、プレスリリースもその時に生まれて初めて自分で出しました。クラウドファンディングをやってプレスリリースを出すと Web メディアが記事を載せてくれます。一応それも商品名を出すことで、無名の商品でも Google で検索した時に最初は何もヒットしないのが、徐々にヒットしていくわけです。Makuake のサイト自体も強いし、プレスリリースを出すことによって、いろいろなメディアが一応紹介はしてくれるので、可能性はその時すごく感じて。

大竹：なるほど。売り上げなどよりもメディアに広がっていくということに可能性を感じたのですね。

松井：そうです。クラウドファンディング自体はうまくいかなかったですけど、今後新しい商品を販売する時に、これはすごく使えるというふうに思いました。今は一般販売で売れています。

このブランドといえば、このジャンルというように思ってもらえるようなものをやっていきたい

大竹：なるほど。では今後やっていきたいことです。「ひとり貿易」とかクラウドファンディングというテーマで、松井さん自身も実際に体現してきたと思っているのですけれど、松井さんが個人的にこれから進んでいきたい方向というのはどういう感じなのですか？

松井：OEM とヨーロッパのブランドの代理店と 2 つやっていて、今後もそれはやっていこうと思っています。でも、もうちょっとジャンルを絞っていったほうが SEO 的にも効率的だと考えていて。同時に会社を持続的に運営していくのに、ブランディングというのがすごく重要だと痛感しています。改めてマーケティングやブランディングというものも今勉強を始めていて、同時に今年から新たに自社のブランドというものをつくっているのですが、それを確立させたいですね。

大竹：今までは OEM などをつくって amazon で販売したりしていたけれども、それをちゃんとやっていくというかブランドの名前も広げて。

松井：今まではどちらかというと、ブランドはあとからついてくるというか、OEM を売る自社のブランドにしても海外のブランドにしても、先に商品があってこの商品がやりたいというのがあってやっていました。
ですが、今後はある程度ジャンルを限定して、このブランドと言えばこのジャンルというように思ってもらえるようなものをやっていきたい。すぐには難しいけれど、何年かかけてということになるとは思うのですが。

大竹：代名詞的な感じですね。

松井：はい。確立していきたいなというふうに思っています。

自分で好きなことをやっているので、ストレスが本当にない

大竹：最後に、この本を読んでこれから「ひとり貿易」とかクラウドファンディングをやっていきたいと思っている人に、先輩からメッセージをお願いします。いいことも悪いこともあると思うので、両方とも言っていただいてかまいません。

松井：かつての私のように、ウジウジしているサラリーマン、会社員の人は多いと思います。でもこれからは、とりあえず一歩踏み出してみると楽しいよということですかね。その手段の 1 つとしてクラウドファンディングというツールをちゃんとうまく使えば、あまりリスクを負わないで一歩踏み出すことができる。すごくそう

いういい世の中になってきたというか。

僕はずっと前から独立したいと思っていたのですが、たとえば10年前なら同じことをできないはずです。ネット物販にしてもそうだし、クラウドファンディングもこの1、2年ではないですか。そういう意味では今はいい時代なので、勇気を出して一歩踏み出す、やってみると楽しいこともあるかもしれないよと。

あと本当に拘束されないです。やはり事業をやっているのでうまくいかないこともいっぱいあって、大変なこともいっぱいありますが、でもそれ以上に自分で好きなことをやっているので、ストレスが本当にないです。

大竹：それはいいですね。最初のサラリーマン時代は……。

松井：ストレスの塊でした。

大竹：そこはやはり大きいのでしょうね。サラリーマンをやられている方でも、この本を読んでくださる方は大勢いらっしゃると思うので、とてもためになるお話だったと思います。ということで、今回の対談のお相手は松井伸司さんでした。どうもありがとうございました。

松井：ありがとうございました。

第5章

販売：
さあ、いよいよ売る時がきた！

販売価格の決め方

　日本での販売価格は、どのように決めていけばいいのでしょうか。

「ひとり貿易」では、なんと販売価格をあなたが自由に決めていいのです。

　もう一度言います。

「販売価格はあなたが自由に決めてください」

　これってすごいことだと思いませんか？

　海外の素晴らしい商品を独占販売できて、しかも自分で販売価格を決められるのですから。

　とはいえ、インターネットが発達してきた現代、日本に居ながら直接海外の amazon やネットショップで買い物ができてしまう時代です。ですので、世界中で展開される商品の場合、アメリカでの販売価格に合わせるパターンが多くなってきているのも事実です（強制ではありません）。

　しかし、海外メーカーに、日本での最適な販売価格を提案するのも貿易家の仕事ですので、しっかりと利益を確保できて、かつ多くのお客様に買っていただけるような価格設定（プライシング）が大切になってきます。

　それでは、どのように価格設定を進めていくかという話を説

第5章　販売：さあ、いよいよ売る時がきた！

明していきますが、ざっくり「**仕入原価の3〜4倍以上に設定しましょう**」と伝えています。

仕入価格＝（商品原価＋国際送料）×輸入税（関税・消費税）

注意する点としては、商品の仕入れ価格に国際送料を足した総額に、関税や消費税がかかってくるということです。これを「**課税価格**」と言いますが、我々はビジネスで輸入をしますので、課税価格が20万円以下の場合は「簡易税率」が、課税価格が20万円以上になると「一般関税率」が適用されます。

税率は、商品ごとに異なりますので、詳しくは税関のHPでチェックしてみてください。

これもざっくりと「**関税は、原料にはかかりやすく、消費財（商品）にはかかりにくい**」と理解をしておくと便利です。

【簡易税率（少額輸入貨物の簡易税率）】
http://www.customs.go.jp/tsukan/kanizeiritsu.htm
【一般関税率（輸入統計品目表〈実行関税率表〉）】
http://www.customs.go.jp/tariff/

さて、この仕入原価をもとに、販売価格を決めていきたいのですが、まず、日本は「メーカー（代理店）→卸業者（問屋）→小売店（百貨店・量販店）」という、特殊な流通業態であるというのを理解する必要があります。ここを理解しておかないと、海外メーカーとの交渉で齟齬が生じる場合がありますので注意しましょう。

特に、貿易家のほとんどが個人からビジネスを始めます。

そうなると、百貨店や量販店と直接取引をつないでいくのは、事実上不可能になるので、あらかじめ卸業者に卸すことを想定した価格設定にしておかないと、クラウドファンディング後の一般販売で泣きを見ることになるのですね。

卸業者は、商品を４〜５掛けで買うことがほとんどなので、仕入原価の３〜４倍以上に設定しないと利益が出なくなってしまいます。

またクラウドファンディングでも、リターン（支援）は割引を組んで設計していくことが多いので、十分に利益を含んだ販売価格を決めていきましょう。

値ごろ感はとても大切です。利益と販売の最大化を狙って設定していきましょう。

最後に、仕入原価の３〜４倍というのは、最低レベルでの話です。競合商品や市場を見て、10倍でも20倍でも付けてもいいのです。

私の生徒さんでも、仕入れ価格120円程度の商品を、10倍以上の１万5000円程度で販売していたり、仕入れ価格50円のものを2000円程度で販売している方がいらっしゃいます。それでもお客様が満足してくだされば、全然良いわけです。

薄利多売ではビジネスが成り立たなくなりますので、利益はしっかり取っていくように心がけましょう。

第5章　販売：さあ、いよいよ売る時がきた！

（例）仕入価格：USD 25.00 の商品の場合

1．国際送料は、暫定500円〜1500円程度で計算する。
　　ここではUSD 5.00とする。
　　→ USD 25.00 ＋ USD 5.00 ＝ USD 30.00
2．為替レートは変動するので、リスクを抑えるために
　　「+5円」で計算するとよいでしょう。
　　→ 110円＋5円＝115円→ USD 30.00 × 115円＝
　　3,450円
3．関税を確認、消費税は8%で加算（ここでは関税なし
　　とする）。
　　→ 3,450円（関税なし）× 1.08 ＝ 3,726円
4．3〜4倍で設定してみて、競合商品との比較や値ごろ
　　感で決定。アンケートでの聞き取りも効果的。
　　→ 11,178円〜 14,904円
5．キリを揃えたり、安い印象に仕上げる。
　　→ 11,200円、14,800円など

＜関連用語＞
●上代：定価、メーカー希望販売価格（MSRP）
●下代：卸値、仕切値（Distributor price）

貿易家の最強の武器、クラウドファンディングとは？

クラウドファンディングとは、これからの人をゼロから100 にしてしまう装置である

クラウドファンディングとは文字通り、「クラウド＝たくさんの人々」から「ファンド＝資金を集める」という意味。1つのアイデアだったり企画を実現させたりするというものです。

「世の中にはまだない新製品を生み出すために、ネットを通じて不特定多数の人たちから資金を集め、資金を出した人へは、でき上がった製品や権利を返す仕組み」

これは別の言葉で言い換えると、これから何かを始める人がいきなり資金を集めたり、実績を持ったり、ブランドを持つことができるということです。何者でもない個人がいきなり何かになれる。これはものすごく画期的なシステムだと思います。

そして、私たちが扱うのは「商品」なので、「購入型のクラウドファンディング」ということになります。感覚としては「予約販売」という言葉が一番近いのかと思います。

支援金を集めて、そのお金で仕入れをして、お客様に商品という名のリターンを送付するわけです。

つまり、「ほぼリスクなし」で商品の販売が行えるのです。

200

第5章　販売：さあ、いよいよ売る時がきた！

　現在クラウドファンディングで最高額を集めたのは1億2800万円の「折り畳み式電動ハイブリッドバイク」です。このプロジェクトを受けて、Makuake の社長である中山亮太郎さんは『日本最大級 Makuake が仕掛ける！クラウドファンディング革命：面白いアイデアに1億円集まる時代』（PHP 研究所）という書籍を出版しました。

　そして、我々貿易家が海外から持ってくる新しくて面白いユニークな商品というのは、クラウドファンディングとの相性もとてもよく、数百万から数千万円までたくさんの事例が出ています。

　アメリカ・イギリス・オランダ・中国・デンマーク・台湾・韓国などなど、世界中の商品がクラウドファンディングで販売されており、多くの支援を集めています。

　また、Makuake も多くのデパートや量販店と提携しています。たとえば伊勢丹、東急プラザ、TSUTAYA、関西ドコモ、東急ハンズ等、Makuake の展開中に商品をディスプレイしてもらえるようなこともできます。ユニークな商品であれば、そこから店舗のバイヤーにつながっていった事例もあります。

　可能性が一気に広がりますね！

　クラウドファンディング終了後は Makuake が EC（電子商取引）となる、Makuake ストアというものを利用することもできます。プロジェクトの期間中に購入できなかったお客様が、あとで買うことができるストアです。つまり、プロジェクトが終了しても、1つの販売ルートとしてその後も使うことができるのです。

クラウドファンディングでできる 5つのすごいこと

クラウドファンディングでできることはいろいろありますが、ここでは大きく分けて5つの特徴的な事柄を挙げたいと思います。

1. 資金調達（無在庫販売・在庫軽減）

クラウドファンディングで一番特徴的なのは**「在庫を持ってない状態でも販売することができてしまう」**ということです。いわゆる無在庫販売に近いことが、仕組み上できてしまいます。

通常の物販ビジネスというのは、先に潤沢な資金を用意して、在庫を抱えて、それから販売をしてお客様に届けるという流れになります。

しかし、クラウドファンディングでは先にお客様に商品を提案して資金を集め（販売をして）、そのお金を受け取ってから仕入れをすることができます。したがって、手持ち資金が乏しい場合でもビジネスを始めることができます。

つまり、現時点の状況はあまり関係なく、ビジネスを進めることができるのです。これはとても画期的な仕組みだと思います。

あるいは在庫を減らすという考え方もあります。

たとえば海外のメーカーとの交渉で「どうしても500個は買ってほしい」という話になったとします。500個買ってくれなければ取引はできないと。しかし、さすがに実際に売れるか売

第5章　販売：さあ、いよいよ売る時がきた！

れないかわからない商品を、500個仕入れるというのは大きな
リスクです。

　そこで、まずはクラウドファンディングで先行販売してしま
います。仮にここで300個売れれば、その後の一般販売では、
在庫200個という状態ができ上がります。このように先に販売
をしてしまうことで、**事実上の在庫を減らすことができる**ので
す。

　在庫というのは、そこにあるだけで経費が奪われます。保管
料がかかります。倉庫に預けていると顕著ですが、場所代や管
理費を請求されます。自宅に置くとしても専有面積を奪われて
いるわけですし、在庫が多いというのは精神衛生上も良くない
ものです。

　そもそも商品というのは時間が経てば、劣化したり、流行り
廃りが変化したりと、時間とともに価値が下がっていくように
なっています。どんどん古くなっていくというわけです。です
から、なるべく在庫は回転させていくということを意識してい
かなければならないのです。

2. お試し販売（テストマーケティング）

　クラウドファンディングで、実際に日本で販売をすることで、
その商品が支持されるのか、需要があるのかなど、ある程度見
極めることができます。

　たとえば、目標金額を30万円と設定した場合、実際に販売を
してみて30万円に届かなかった場合は、集まった資金を受け
取れず、リターンも発生しないことにできます。これを「**All or
Nothing（オール・オア・ナッシング）**」と言います。プロジェ

クトを起こす最初の段階で、「All - In（オールイン：目標金額に届かなくても集まった分だけ資金を受け取れる)」かオール・オア・ナッシングを選択できるので、どちらか選びましょう。

ちなみにほとんどの方は、集まった分だけ精算するオールインを選択されています。

オール・オア・ナッシングでやらなくても、あまり売れなければクラウドファンディングの販売分だけを仕入れてお客様に届けたら、その商品を扱うのはそれで終わりにするというのもいいでしょう。

もちろん、クラウドファンディングで買うお客様と一般販売でamazonや楽天市場、全国のデパートや量販店で買い物するお客様とは客層が異なります。趣味や嗜好が違いますが、これはまた別のところで解説したいと思います。

3. プロモーション
（テレビ・新聞・雑誌・ウェブメディア）

クラウドファンディングに出品することで、さまざまなメディアが注目をしてくれます。たとえば大手のウェブのキュレーションサイトだったり、あるいはテレビのニュースやバラエティー番組、雑誌、新聞などなど。これまで数多くのクライアントが取り上げられています。

『日経トレンディ』、ギズモード、エンガジェット、バウンシー、タビラボ、ライフハッカー、グッズプレスなどの大手キュレーションサイト。

また、日本テレビの「ヒルナンデス」や、テレビ東京の「ワールドビジネスサテライト」など、本人登場で商品が掲載され

第5章　販売：さあ、いよいよ売る時がきた！

た事例はたくさんあります。

しかもこれらはすべて無料で掲載されています。ひと昔前だったら広告代理店に依頼をして、何百万円というお金を払って掲載をしてもらう必要がありました。しかし、今ではただクラウドファンディングに出すだけで、たくさんのメディアが取り上げてくれるのです。

なぜこのようなことが起こるのでしょうか？

それは、紛れもなく**「クラウドファンディングが大きく注目されている」**からです。

「クラウドファンディングには面白い商品がいっぱいあるよね」「新しい商品がいっぱいあるよね」「日本の中でも随分先を行ってるよね」と、認識している方々もいっぱいいらっしゃるということです。

4.「実績づくり」で交渉のネタにする

あなたが海外から見つけてきた商品を、量販店のバイヤーに提案しに行くとします。

「見てください。この商品は私が海外で発掘してきたのですが、とても売れそうじゃないですか？　ぜひ買ってください」と言って提案するのと、

「見てください。この商品は私が海外で発掘してきたのですが、クラウドファンディングで、いっせいに1000万円集めました。どうですか？　ぜひ買ってください」と提案するのとでは、どちらが採用されるでしょうか？

言うまでもないですね。

クラウドファンディングで**「実績をつくる」**ことで、その後

205

の一般販売の時に大きな交渉のネタになります。これもクラウドファンディングのすごいところの1つです。

5.「ブランディング」で価値を上げる

このようにメディアに取り上げられたり、テレビや雑誌などに特集してもらえること、あるいは実際に売れた実績があることで、ブランド価値が一気に上がります。

ありきたりの多くの商品（コモディティ商品）ではなく、付加価値の高いブランド商品としてお客様に認識をしてもらうことができます。

すでに実績のある大型ルーキーなので、周りの期待値は相当高くなっている状態です。

商品がブランド化されていくことで、安売りして売り飛ばすような薄利多売のビジネスではなく、高い利益で販売していくことができます。

Makuake 出品の基本的なルール

1. 始める時にはお金はかからない

クラウドファンディングは、始める時にはお金はかかりません。ファンディングが終了して入金される時に手数料を引かれた金額が入金されます。

Makuake の手数料は総額の 20%（15% ＋カード決済手数料

第5章 販売：さあ、いよいよ売る時がきた！

5％）。入金のサイクルは末締め翌々月の3営業日です。

たとえば、3月末までのファンディングの場合「3月31日に終了・入金されるのは5月3日頃」ということになります。

この入金サイクルを理解してうまく活用すれば、資金が乏しくても先に商品を販売してお客様に届けるということが可能になるわけです。

2. 未発売商品でなければならない

amazonや楽天市場、量販店などですでに販売されている商品はMakuakeに出品することができません。ただし並行輸入品として販売されている商品は問題ありません。私たちが海外メーカーから商品を仕入れて販売することは、正規輸入品ということになります。

3. 独占販売契約書が必要

Makuakeで販売している間は、ほかでは販売をしてはいけないというのが1つのルールになります。そのために海外メーカーから期間限定の独占販売権をもらう必要があります。

「Distributor Arrangement（ディストリビューター・アレンジメント）」に、こちらの名前とハンコを押し、メーカーにも名前とハンコを押してもらい両社で保存しておきましょう。Makuakeの審査の時に必要になります。

4. 日本の法規制（PSE・技適マーク）は、
お客様に配送を完了するまでに準備が整えばOK

日本の法規制であるPSE（国の安全基準に適合した電気製

品に付けるマーク）や技適マーク（無線機器・無線設備が電波法などの定める技術基準に適合していることを証明するマーク）などは、Makuake を始める時にはまだ検査が終わっていなくても大丈夫です。

お客様に届ける時にはきちんと検査が終わっていなければなりませんが、プロジェクト期間中に検査が通れば大丈夫です。

食器や玩具などの食品衛生法については、事前に検査が必要です。

5. 初回はプロジェクトが終了してお客様に配送完了するまで、2つ目の案件は開始できない

初めて Makuake をやる時は、１商品しか販売できません。１つ目のプロジェクトが終わり、お客様に配達完了したら次のプロジェクトを始めることができます。

お客様は商品到着を待ってくれるのか？

クラウドファンディングで買い物をするお客様は、商品が届くのが少し先になることを理解したうえで購入してくださっています。約束した納期できちんとお届けができれば、クレームになったりすることはありません。

たとえば、amazon などは翌日に届かないとクレームになったりするのですが、クラウドファンディングはそもそも支援期間を設けて、その後に商品が発送される仕組みですので、お客様

第5章　販売：さあ、いよいよ売る時がきた！

も待ってくれています。もちろん早くお届けできるに越したことはないので、なるべく早めにお届けできるようなスケジュールを設定するべきです。

　しかし、海外からの仕入れというのは遅れてしまうこともよくあるので、余裕を持ったスケジュールを組んでおくのがいいでしょう。お客様に約束した納期を遅れてしまうと、クレームや炎上などトラブルのもとになります。どうしても遅延する場合は、遅れることがわかった時点で支援者の方々には連絡を入れましょう。

　誠実な対応をすることで、お客様に理解をしていただける可能性が増えます。

Makuakeに申請してみよう！

メニューから掲載の相談を記入する

　それでは、実際にMakuakeでクラウドファンディングを始めるためにはどうすればいいのか？　その手順をお伝えしていきます。

　まずはトップページの一番最下部までスクロールしていくと、メニューという欄にプロジェクトを掲載するというコーナーがあります。そこをクリックして掲載の相談をするというボタンを押します。

　フォームに従い、必要事項を記入して送信します。

2〜3営業日で Makuake の担当者から返事がくるでしょう。

Makuake では1つのプロジェクトに1人の担当者がついてくれます。その人のことを「担当キュレーター」と呼びます。

プロジェクトの期間中、あらゆるサポートをしてくれる方なので、キュレーターとは良いコミュニケーションを取りながら進めていきましょう！

ファンディングページのつくり方

まずは事前に下記のものを準備しましょう。1から3までは必須ですが、その先はページをつくりながら進めても大丈夫です。

> ＜準備するもの＞
> 1. 半年以内に発行した登記簿謄本
>   （個人事業の場合、住民票と印鑑証明書：3カ月以内）
> 2. 法規制対応のエビデンス（PSE、技適、食品衛生法など）
> 3. 独占販売同意書（両担当者のサインと印鑑）

第5章　販売：さあ、いよいよ売る時がきた！

4. 画像や動画の素材（海外メーカーにもらえなければこちらで用意をする）
5. シナリオとリターンの設計
6. プロフィール写真と実行者の声
7. サンプルをいくつか用意

Makuake ページ 12 の構成

そして、実際にページを作成していきます。Makuake では公式の制作ガイドがもらえますが、ここでは弊社で基本としている作成の手順で解説をしていきます（213 ページ〜）。

その前に、この 12 の構成は、人間の消費行動を法則化した、「AISCEAS（アイシーズ）」をベースに、クラウドファンディングでのページの作成方法としてアレンジしていますので、先にAISCEAS について解説します。

＜ Makuake ページ 12 の構成＞
1. サムネイル（トップ画面）
2. タイトル（商品名）
3. 最大の売り＝ USP（インパクト）
4. 特徴（ポイント 1 〜 5）
5. 利用シーン（疑似体験）
6. バリエーション
7. 商品仕様（比較）
8. 開発者ストーリー
9. 実行者メッセージ

10. リターン内容

11. 資金用途とプロジェクトのスケジュール

12. FAQ

人間の消費行動（AISCEAS〈アイシーズ〉の法則について）

　人はどんなふうに買い物するのでしょうか？　買い物をするにあたって、人間の心理がどのように変化していくのかというものを、1つの法則にまとめたのが「AISCEAS（アイシーズ）」というものです。古くは「AIDMA（アイドマ）の法則」などと言われていました。

　インターネットで買い物する時は、このアイシーズの法則の流れで人間の心理状態が変わっていくというふうに言われています。アイシーズは以下の単語の頭文字からできた造語です。

A …… Attention（注意）

I …… Interest（関心）

S …… Search（検索）

C …… Comparison（比較）

E …… Examination（検討）

A …… Action（行動）

S …… Share（共有）

　以上のような流れで人は商品を買っていきます。

　最初にくるのが「注意」です。商品に目を奪われて、どんな商品なんだろうと気になる段階です。そして「関心」を持ち始

め、「**検索**」をして比べたり、情報を集めながらほかの商品と「**比較**」をしていきます。その中で「**検討**」して「よし、これを買おう！」とようやく購入に至ります（「**行動**」）。

最後に「こんなの買いました！」とSNSでシェアしたり、実際に良いものだったら友達に紹介したりなど「**共有**」をしていく……というのが、現代のインターネット上での消費行動パターンだと言われています。

このような消費行動をベースにして、先ほどのページ12の構成というものをつくってあります。

では、12のポイントを順番に見ていきましょう。

1. サムネイル（トップ画面）

何よりも大事なのがこのトップ画です。Makuakeのトップページを見ていただくとわかる通り、たくさんの商品が並んでいます。その中で購入者の興味を引き、面白そうだとクリック

をしてもらい、ページを見てもらわなければなりません。ここをクリアできなければ、いくら頑張ってページをつくっても意味がありません。ですので、まずはページを開いてもらうために、トップ画にこだわりましょう。

ページを見てもらうためには、**なるべくきれいな画像や興味を引くような画像を載せておく**必要があります。このトップ画しだいで、その後の売れ方が大きく変化していくと言っても過言ではありません。ひと目でどんな商品かわかり、そしてなるべくはっきりくっきりと商品が見れるような画像がいいでしょう。

必要であれば文字を入れてもいいでしょう。いわゆるキャッチコピーと呼ばれるものですね。

キャッチコピーを入れる場合は、**文字数は少なく、文字は大きく**見せましょう。あまり文字を入れすぎると、文字が読みづらくなりますので注意です。特にスマホユーザーが多いので、スマホの画面でもしっかり読み取ることができるように工夫しましょう。思わずクリックしたくなるようなトップ画は強いです。キャッチコピーが苦手な方は、クラウドワークスなどのサービスを使うことで公募することもできますので、使ってみましょう。

商品の画像は海外のメーカーが持っているケースがほとんどですが、もしも持っていない場合はこちらで撮影をしなければなりません。

その場合は自分で頑張るよりも、撮影代行サービスにお願いしましょう。たとえばバーチャルインなどが有名です。商品単体の撮影は300円〜、モデルさんを使ったモデル写真などでも1商品1000円からサービスがありますのでぜひ活用してみてください。

● バーチャルイン（https://photo-o.com/）

第5章　販売：さあ、いよいよ売る時がきた！

2. タイトル（商品名）

　サムネイルと並んで大事なのがタイトルです。タイトルは、ひと目で**「どんな商品で、どんな人向け」**なのかを伝えるような文章にしなければなりません。

　ターゲットのお客様に「自分に関係ある話かも」と、一瞬で感じてもらうことが大事なのです。

　文字数も全角40文字以内と限られているので、使うワードは厳選しましょう。商品の最大の特徴をひと言で表すような、魅力的な文章をつくります。たとえば、商品を象徴するような数字を出す、身近なものに置き換えるなど見込み客の興味を引くような文章を考えましょう。

- ・**寝室を最高のエンタメ空間へ。スマートライト「popin Aladdin」**
- ・**120インチの大画面でプレイ！世界初のゲーム機対応マルチプロジェクター**
- ・**お昼寝で生産性アップ！エアウィーヴの技術が生んだ新感触のお昼寝専用枕「ナピロー」**
- ・**【自宅にバーのクオリティを】透明で丸いリッチな氷を簡単に作るポーラーアイストレイ**
- ・**小さなボディにフルオーケストラ。Hi-Fiサウンドの完全ワイヤレスイヤホンAir**
- ・**ダサいLEDは終わりにしよう！フィラメントをLEDで再現する、美しい電球を広めたい**

3. 最大の売り＝USP（インパクト）

　USP（Unique Selling Proposition）とは、「その商品の独自のウリ」を指します。競争優位性とも訳されますが、ほかの商品との違いを明確に示しましょう。

　その商品をひと言で言うと、どんなところが特徴なのか？

　たくさんの特徴がある中で、「要するにこの商品は〜です」と簡潔にまとめる場合に表す部分です。できれば新しさ、実績や

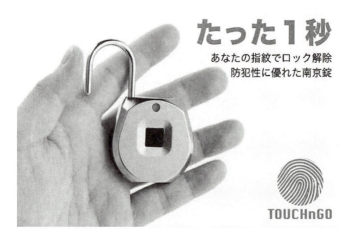

たった1秒。あなたの指先で触れるだけ。

指紋認証でロックを解除！防犯性に優れた南京錠 "TOUCHnGO（タッチゴー）"

権威、問題提起などインパクトのある形で提示しましょう。購入者の目を引くことができれば、その先を読んでくれる確率が高くなります。

4. 特徴（ポイント1～5）

　ここではその商品の特徴となる部分を5つ程度挙げていきます。仮にその商品が20も30も機能があり、たくさんのことができるとしても、全部を伝えることはできないですし、購入者もわけがわからなくなります。

　特徴は4～5つぐらいに絞り、購入者に伝えます。

　イラストで一覧にしてみるのもいいです。それぞれ1から5まで項目を分けて書いていきましょう。

第5章 販売：さあ、いよいよ売る時がきた！

5. 利用シーン（疑似体験）

　この商品を使うことでお客様にはどんな未来が待っているのか？　どんな悩みが解決するのか？　購入者に「バラ色の幸せな未来」を見せてあげましょう。

　そのために疑似体験してもらえるようにお客様に伝えていきます。たとえば、イメージ画像をいっぱい使って体験しているような気持ちになっていただいたり、より詳しい使い方などをイラストで伝えたりします。GIF画像という数秒の動画を盛り

仕事のお供に　休憩中に、

趣味の時間に…

込んでいくのも効果的でしょう。GIF画像はページの容量的に3〜4つくらいが最大になります。

　または海外のサイトなどにお客様の声（レビュー）があれば、ここに引用して入れてもいいでしょう。

6. バリエーション

　商品に色のバリエーションやサイズのバリエーションなどがあれば、ここで伝えていきます。あるいは「たとえばこんな使い方もできるよ」と、本来の使い方ではないけれど、違う使い方ができるなどもここで書いていきましょう。限定感を出して

| 第5章　販売：さあ、いよいよ売る時がきた！ |

みても効果的です。

7. 商品仕様

　商品の詳しいスペックを表などにして書いておきます。または分解図のような形で内部の構成を伝えたり、あるいは写真を使ってサイズや性能の違いがわかるような画像を置くのも効果的です。他社製品との比較もここに書いておくといいでしょう。ただし他社商品の商品名は明かさず、他社の商品をけなしているような書き方はMakuakeの審査で通らないので気をつけましょう。

プロジェクターシステム	テキサス・インスツルメンツDLP
輝度	200ルーメン ※ 1200 ANSIルーメン相当
解像度	854×480ピクセル
コントラスト	> 1000 : 1
画面比率	16 : 9
スクリーンサイズ	30~120インチ
インターフェース	HDMI入力、2USB 3.0×2、USB Type-C
出力	3.5mm AUX OUT
スピーカー出力	8Ω 5W
バッテリー	LG製 大容量リチウム電池 3.7V 20,400mAh
連続投影時間	約4時間
充電電流	15V 2.6A
充電	5V / 2A
本体サイズ	172 × 80 ×70 （mm）
プロジェクター用冷却ファン	11,000RPMターボファン
任天堂スイッチ用冷却ファン	7,600RPMファン

※ Makuake の比較のルール

　他社製品との比較、自社の従来品との比較をする時は、近接する適切な場所に下記の内容を表示します。また、他社を批判している記載は NG ですので要注意です。

1）比較結果が客観的な調査に基づいていることが確認できること（データの出典、調査機関名及び著者年、原則1年以内）
2）最上級である範囲、領域を明確にするなどして、調査結果を正確に引用していること（商品やサービスの効能を表現する場合は根拠となるデータ、また実験データを示す場合はどのような条件下であるかを明示すること）

8. 開発者ストーリー

OJO開発チーム

Mark Ma
Founder
Designer

Jack Gilbert
Co-Founder
Campaign Manager

Dr. He
CTO, 10 years in
Optical Engine R&D

Natalie Chan
Product Manager
5 years industry
experience

Calos BC
Graphic Designer

Dr. Zeng
R&D Engineer, 9 years
in projector industry

Tom
Social Media

　特に海外のクラウドファンディングサイトなどで誕生した商品には、必ず開発チームのストーリーというものがあります。それを海外メーカーから聞いて書いていきます。

　人はストーリーに引き込まれます。どんな人がなぜ、いつ、どうして、その商品をつくったのかをなるべくドラマチックに書いていきましょう。購入者に共感をしてもらえると支援をしてもらえる可能性が高くなります。

9. 実行者メッセージ

　今度は私たち実行者がメッセージを書いていきます。輸入代

実行者について

_____Sparkjoy for your life_____

ADUZUKI TRADING（アズキトレーディング）は、アイテムの機能面のみならず、アイテムの「ユニークさ、斬新さ」などから感じる「ワクワク・ドキドキ」とした感情価値を大切にしています。世界中から商品を発掘し、皆さんの今ある日常に「ときめき」をお届けします。

理店としてのコメントになります。

　まず実行者は誰なのか、何者なのか？　できれば商品に出会ったストーリーや自分のキャリア、趣味などに関連性があるということを強調したいです。

　そしていかにこの商品に思い入れがあり、この商品が未来を明るくしてくれると信じていることなどを書いておくと良いでしょう。

10. リターン内容

　リターンの内容はリターンの項目に全部表示されるのですが、流れとしてここにもリターンの内容を書いておきます。ページを読み進めるうえで購入者がわかりやすくて、あると親切です。

第5章　販売：さあ、いよいよ売る時がきた！

【リターンの設計】

　クラウドファンディングのリターンというのは、基本的には早く買ってくれた人が一番得をするというような仕組みになっています。たとえば……、

　1）超早割30％・限定30個
　2）早割25％・限定50個
　3）早割20％・限定70個
　4）Makuake割引・限定100個

といった形で、階段状に割引率を変化させていくというのがいいのです。あくまでも早く買ってくれた人が得をするような設計をしましょう。

　クラウドファンディングで重要なことは、**支援開始初日で目標金額の30％以上を達成させる**ことが命題です。初日に伸びないものは、後でいろいろな施策を打ってがんばっても、結果伸びないという事が多いです。そうならないためにも、なるべく割引率の高いリターンを最初に仕込んでおくことで、お客様に一気に買っていただくといった仕掛けをしていきます。
　関連商品も一緒にリターンに組み込んだり、あるいは2個セット、3個セットのような形で複数個のセットリターンをつくることも効果的です。

　そして、「ストレッチゴール」というものを設定することが

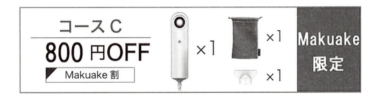

できます。ストレッチゴールとは、たとえばプロジェクターを売る場合、目標金額の 100 万円を達成したら USB ケーブルを付ける。200 万円を達成したら三脚を付けるなど、集まった支援額によってリターンの内容を豪華にしていくものです。

　目標金額を達成できたら、ストレッチゴールを設定することで、さらにプロジェクトを盛り上げて支援を伸ばせる可能性があります。こちらも視野に入れておくと良いと思います。

11. 資金用途とプロジェクトのスケジュール

　購入者から支援していただいた資金を何に使うのかを詳しく書いておきます。私たちは商品を販売しているのですが、クラ

第5章 販売：さあ、いよいよ売る時がきた！

商品のタイムスケジュール

ウドファンディングの支援者は応援しているという気持ちで支援してくださっている方も多いからです。

ですので、たとえば「サポーターの皆様からご支援いただいた資金は商品の仕入れ資金、輸送、サポーターの皆様への配送費、PSE（電気用品安全法）への認証手続き、商品を知っていただくためのプロモーションなどに利用させていただきます」という感じで書いておきます。

そして、タイムスケジュールも載せておきましょう。プロジェクトがいつから始まり、いつ終わり、いつお客様にお届けになるのか等、スケジュールを書いておくと支援者も安心して応援できます。

12. FAQ

最後にお客様からの質問に答えていきます。あらかじめお客様に聞かれそうなことはなるべく全部書いておいて、Q&A方式で回答していきます。ここにたくさんQ&Aがあればあるほどお客様は疑問を持たずに安心して買ってくださいます。

「お客様は黙って去る」という言葉があります。

つまり「よくわかんないからやめよう」という気持ちになら

ないように、Q&Aを充実させておく必要があるということです。
これを「**買わない理由をつぶす**」と言います。

　ここでも事前にクラウドワークスなどでアンケートをとって
おくことで、FAQを充実させることができます。

FAQ

Q. Androidでも使用できますか？

A. Apple iOS 10以降、
Android OS 7.0 以降のバージョンに対応しています。

Q. どれくらいの距離まで測定できますか？

A. 最長40メートルまで測定可能です。

Q. スマホにはどうやって付けますか？

A. 付属の磁力パーツで吸着します。

　というわけで、以上12の構成を見てきましたが、あまりこだ
わりすぎず、なるべくたくさんのプロジェクトページを見てみ
ましょう。

● **どんなページが商品を上手に表現できているのか？**
● **どんなページがたくさんの支援金を集めているのか？**

　などを自分なりに分析し、その結果を自分のページに取り入
れていきましょう。そうすることで販売ページをつくるスキル
がどんどん上がっていきます。

上達の秘訣は「TTP（徹底的にパクる）」です。覚えておきましょう。

データで見るMakuakeの裏舞台

クラウドファンディング というのは、スタートダッシュで一気に売れて、その後はなだらかに山を下っていき、何もしなければ底辺を漂って、最後に少しフワッと上がって終了、というのが一般的な売れ方の推移です。

つまり、何もしなければスタートダッシュ以降は、ずっと谷間に入るということになります。そうならないためにも**2つ目、3つ目の山をつくる**というふうに考えていきます。

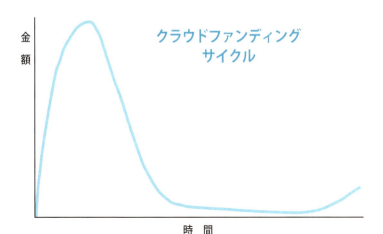

再び盛り上げる 2 つ目、3 つ目の山をつくる

1. SNS で拡散する

　山をつくるために、Facebook ページやインスタグラムなどで商品の露出度を増やしていきましょう。Facebook ページでは、Makuake で更新した活動レポートを転用してもいいでしょう。友人や知人が拡散してくれることでも認知は広くなるので、どんどん協力してもらいましょう。

2. プレスリリースを打つ

　マスコミ媒体に情報を配信できるプレスリリースを打つのも 1 つの手です。有名なサイトで言えば「PR TIMES」や「ValuePress」などがあります。無料で配信できるものもあるので、こちらもぜひやってみてください。

　有料プランを選べば、配信数を増やしたり多くのサービスが受けられます。

3. 広告を打つ

　お勧めは Facebook 広告です。Facebook 広告は Makuake のターゲット層にも合いますし「40 代」「男性」「東京都在住」「クラウドファンディングに興味がある人」という具合にターゲットを絞り込んで設定できるので、少ない予算でも効果的にお客様を集めてくることができます。

4. インフルエンサーに商品を紹介してもらう

　インフルエンサーにあなたの商品を紹介してもらうというの

は、うまくいけばものすごい威力を発揮します。

　人気の YouTuber や Instagram でフォロワー数の多い人など
に取り上げていただくと、一気にアクセスが伸びて商品が売れ
ることもあります。ガジェット好きやゲーム専門の人など、い
ろいろなジャンルの方がいますので、商品にマッチする方を積
極的に探してお願いをしましょう。

5. 体験イベントを組む

　たとえば、ドローンのプロジェクトをやるのであれば、ドロ
ーン好きを集めたイベントを主催してもいいでしょう。趣味や
好きなことのコミュニティーがあれば盛り上がりますし、欲求
が高ぶります。参加者がワクワクするような楽しいイベントを
企画しましょう。

支援額1000万円を超えるために……

　ここまでは基本的な Makuake のターゲット層や特徴、ペー
ジのつくり方やさらに支援を集めるための施策を話してきまし
たが、より本格的に支援を集めていきたい方のために、応用的な
話をしていきます。大きく支援を伸ばすためには、事前に施策
を打つ必要があります。

　何をするのかというと、プロジェクトをスタートする前に、
プレマーケティングを行います。簡単に言うと、**見込み客のリス
トを集める**ということです。その商品を欲しいと思ってくださる

お客様にお名前とメールアドレスを登録してもらい、Makuake がスタートする日程が決まったら、そのお客様にお知らせをします。そして、一気にスタートダッシュで買っていただくという流れになります。

　先ほどもスタートダッシュがその後の伸びを決めるという話をしましたが、スタートダッシュが伸びないものはその後伸びていくのは難しくなります。スタートダッシュで伸びると、その商品にあまり興味がない人でも盛り上がりに惹きつけられて、自然と購買意識が高くなります。

　そのためにやることですが、まずは募集ページ（LP）をつくります。Wix やペライチなど無料で簡単にウェブページをつくれるサービスがありますので活用しましょう。

　そこで商品の紹介と「Makuake にこの商品が登場します。今メールアドレスを登録すると最大50％オフで買えるチャンスですよ！」というような形でお客様にメリットを提示して、お名前とメールアドレスを登録していただきます。あるいは LINE@ に登録していただきます。

　次に Facebook 広告などを使い、その商品を買いたいと思うお客様に向けて広告を出します。Facebook 広告のターゲット設定は、先ほどの話に出た通り、細かく設定できます。登録してもらうためのコストですが、１リスト獲得につき 300 円〜600 円くらいだと良い感じと言えるでしょう。

　お客様リストが 50 〜 100 程度集まってきたら、Makuake の開始日時を決めます。そして、お客様に最初に「せーの！」で買っていただけるようにメッセージを送ります。

第5章　販売：さあ、いよいよ売る時がきた！

　このように仕掛けることで、スタートダッシュで一気に売ることができて、周りのお客様も「なんだかすごい売れているなぁ」といった感じになります。そして、本当は買うつもりがなかったのに、売れている間に引っ張られて買っていくというような効果も期待できます。こうしてお祭り感を演出していくのです。

　必ずしもプレマーケティングをやる必要はありませんが、本格的に支援額を上げていきたいと思う方はぜひチャレンジしてみてください。

【成功事例対談　その５】
転売屋から1100万円プレイヤーへ

—— 秋葉貴義さん　長野県　40代　男性

せどりをしていると、大きな声では言わないようにしていた

大竹：お名前と年齢と、今までの経歴を聞かせてください。

秋葉：秋葉貴義と申します。現在47歳。経歴は営業マンとして長らく会社員をしていまして、副業という形でせどりを始めました。それを3年ぐらいやって独立しました。

大竹：せどりを続けていくという選択肢もあったと思いますが、「ひとり貿易」をやろうと思ったのはどうしてですか？

秋葉：一番の理由は、せどりは社会的信用があまりないなというところです。せどりをしていると、大きな声では言わないようにしていたというのがありました。

大竹：言えないと。

秋葉：はい。社会的な意義も正直あまりないなと。たとえば中古の本などだけだったら、それは1つ意味があると思うのですけど。

大竹：それは古本屋さんと同じですからね。

秋葉：新品のものであればほぼ関係ないので、それを続けていくことにもともと疑問はあったのですけれど。

大竹：世の中の役に立っていないのではないかといったところですか？

秋葉：そこが一番です。

大竹：友人と一緒に私のセミナーにいらっしゃったと思うのですが、それは「ひとり貿易」や「貿易」に将来性を感じたということなのでしょうか？

秋葉：そうですね。

海外へもそんなに行っていたわけでもないので、「まず、たどり着けるかな」というところからだった

大竹：2018年4月の香港の展示会に行かれたのが最初でしたね。その当時は思い切り勇気を出してやったのか、それとも今みたいにノリ

第5章　販売：さあ、いよいよ売る時がきた！

でいった感じなのか、どういう感じだったのですか？

秋葉：思い切り勇気を出して行きました（笑）。

大竹：そうなのですか。「どんな世界なんだろう」という感じですか？

秋葉：そうです。別に海外へもそれほど行っていたわけでもないので、「まず、たどり着けるかな」というところからでした。「輸入もくそもないよね」というところからです。

大竹：初めて行った海外展示会、つまり香港の「ギフト＆プレミアム」には、どういう印象を最初に持ちました？

秋葉：とにかく大きいという印象です。最初は、この中から果たして商品を選べるのかという不安のほうが大きかったです。

大竹：選べるのかというのは、商品がありすぎて？

秋葉：はい。ものすごく商品があるじゃないですか。砂漠の中から探すではないですけど、本当に見つかるかなという感じでした。どれもいいような気もするし、全部ダメなような……。

大竹：あるあるですね。一緒にいた仲間たちとディスカッションもしながら商品も決めて、最初に選んだ商品は、確かスピーカーでしたね。

海外との商談をして日本に帰って来て海外メーカーとやり取りしていく中で思ったことなど、何かありますか？　前にも経験があったとお聞きしています。

秋葉：そうです。メールでのやり取りは経験があったのです。ただその時はあくまで副業という感覚だし、先方にもそんなに具体的に何をやっているかという話はしていなかったと思います。単純に一顧客として買っていただけなので。

ビジネスとしてのメールのやり取りはどういうものなのかわからなかったので、そういう意味で最初のやり取りは気を使いました。最初はすごく時間がかかってメールを打っていた記憶があります。

これをやっておけば間違いはないだろうと思った商品が1100万円に

大竹：最初のクラウドファンディングがTivooというスピーカーでした。そのときはどのぐらい集まったのでしたっけ？

秋葉：100万ちょっとです。

大竹：100 万ちょっとって数字は当時の秋葉さんにとっては思ったより
　　　よかったのか、それともあんまりという感じだったのですか？

秋葉：思ったよりいかなかった印象です。

大竹：そのあとまたほかの展示会にも行きましたよね。

秋葉：はい。

大竹：それは今回思ったようにいかなかったけど、たとえば海外展示会
　　　にはやっぱりチャンスがあるなって思ったのですか？

秋葉：そうです。やりたいと思いました。

大竹：「いい商品を絶対探してやるぞ」という気持ちになっていたという
　　　ことでしょうか？

秋葉：そうですね。

大竹：秋葉さんの商品の中で、一番ヒットしたのは FINDORBIT だと思
　　　います。FINDORBIT との出会いは「ドイツ IFA」という展示会
　　　だったわけですが、それまでに確か 2 回ぐらいクラウドファンディ
　　　ングをやられていました。FINDORBIT を見たときは「これは
　　　やばいものを見つけた」という感じになりました？

秋葉：そうです。「やばい」とまではいかなかったですけど、「これをや
　　　っておけば間違いはないだろう」みたいな。ある程度いくだろう
　　　というのはありました。

大竹：ちなみになぜですか？

秋葉：前例があったからです。

大竹：そうでした。一緒に私の香港の展示会プロジェクトに参加された
　　　方が、類似商品を先に Makuake でファンディングされて、確か
　　　500 万円ぐらい売れたんですよね。

秋葉：はい。

大竹：しかもそれが 1 カ月未満の募集実施で 500 万円。もしも実施期間
　　　が 2 カ月ぐらいあったら 1000 万円はいくのではないかと言われて
　　　いたという話もありましたね。

秋葉：はい。

大竹：性能も良くて、価格も安かった。

秋葉：そうです。そこはあります。

大竹：FINDORBIT のメーカーとのやり取りの中で、印象的な出来事を

第5章　販売：さあ、いよいよ売る時がきた！

　　　　1つ挙げるとすればどんなことですか？

秋葉：もともと私では販売できないという話だったところから始まった
　　　ので、そこですよね。アンケートをとったのですが、結果をフィ
　　　ードバックしてから風向きが変わったという感じです。

大竹：アンケートはクラウドワークスとかですか？

秋葉：そうです。クラウドワークスでアンケートをとって、これだけ需
　　　要があるのかというところを示した感じです。

メーカーとの最初の信頼構築に一番いいもの

大竹：なるほど。それを Makuake でファンディングすることになった
　　　わけですが、FINDORBIT のクラウドファンディングにおいて、
　　　エピソードのようなものを教えていただけますか？

秋葉：事前集客です。過去2回のクラウドファンディングとの一番の違
　　　いはそこです。

大竹：それまでは2回やってきて、そこでの反省なども含めて事前集客
　　　をしっかりやろうという流れになったのですね。

秋葉：そうです。事前集客がないとやはり厳しいだろうなとは思ったの
　　　で。初速で走らせよう、スタートダッシュが命なのかなと思った
　　　ので、ここに向けて準備しました。
　　　正味1カ月ぐらいは事前集客をしていたと思います。その期間は
　　　ベストだったのかどうかはわからないです。長すぎるとお客様に
　　　「まだか？」と言われてしまうので。

大竹：そうですよね。

秋葉：もっと短くていいと思うのですけど。そこでもアンケートをとっ
　　　て「プロジェクトの開始は何時スタートがいい」と考えるのは大
　　　きかったです。「夜がいいのだろうな」と勝手に思っていたのです
　　　が、実は昼の12時が一番多かったという意外な結果でした。

大竹：お客さんの層はどういう層だったのか、事前にデータ上は出たの
　　　ですか？

秋葉：細かい年齢層などはわからなかったです。購買層を見ると30代
　　　以上70代までいました。

大竹：なるほど。スタート後、FINDORBIT のクラウドファンディング

は割と想定通りにいったのか想定以上にいったのか、想定以下だったのかというのはどうですか？

秋葉：結果としては目指していたところはクリアできたかなと。

大竹：FINDORBIT のクラウドファンディングの結果は、大成功と言っていいと思いますよ。そこからはどういうふうに広がっていますか？　今のタイミングとしては、Makuake のお客様に無事に届け終わりましたという段階だと思いますが、卸業者さんや量販店さんなどへの方向などは？

秋葉：いくつか卸業者さんには話をもらっています。AppBank さんはとりあえず一緒にやるということは決めているのですけど、ほかの業者さんについてはどうしようかなと、正直考えています。

大竹：検討中ですね。

秋葉：ただ直販に力を入れていこうとは思っています。流れとしては一番速そうなのが、未来ショッピングをやることです。これは限定色をつくってやります。あとはディスカバーです。

大竹：ディスカバーもやるのですね。

秋葉：ディスカバーも限定色で。

大竹：それぞれ別の色でですか。Makuake では 1100 万円を超えましたが、その結果を見て、Makuake も含めて秋葉さんにメーカーは何か言ってきたのですか？

秋葉：メーカーは単純に喜んでいました。

大竹：経過報告などはしたのですよね。

秋葉：そうですね。向こうもよくチェックしていたみたいです。

大竹：それはよく聞く話です。海外メーカーから見ても Makuake でやると、とてもわかりやすく目に見えるので、喜んでくれますね。

秋葉：そうですね。個人的には実は一番そこがいいのかなと思って。

大竹：確かに。

秋葉：こちらが思っているよりいかなくても、メーカーなりに喜んでくれるというか。なので、そこが最初の信頼構築には一番いいなと思っています。

大竹：それはいい話を聞けました。向こうから見てもわかりやすいのだろうと思います。あと、先ほど amazon からも取引をしてくれと

いう連絡がきているという話もしていましたね。

秋葉：そうですね。会社として法人アカウントにして、amazon販売を
やりましょうという感じでお声がけをいただいているところです。

誰でも参入できて、頑張ればすごいところまでいけるかもしれない。もう、やらない手はないでしょ（笑）

大竹：そうすると、やはり「ひとり貿易」前と現段階、まだまだ秋葉さ
んはもっと飛躍されていくと思うのですけど、今はどうですか？
やはり大きな手応えというか、このビジネスをもっと掘り下げて
いくという感じでしょうか？

秋葉：そうですね。とにかくやりたいのはMakuake後の流れです。最終
的にそこがきっちり、ある程度パターンのようなものがつくれれ
ば相当いいと思います。

大竹：クラウドファンディングというのは1つの大きなポイントだとも
思うのですが、物販、クラウドファンディングの可能性について
率直に聞かせてください。

秋葉：よく言う感じですと、やらない手はないというか。やっておいた
方がいい。誰かの目に留まることは間違いないのでやりやすいと
思います。
おそらく国内のメーカーと取引するときも、アドバンテージとい
うか、何にもないゼロベースというよくわからない会社といきな
り取引をするよりは、「クラウドファンディングでやっていまし
て」というのがあるだけでもずいぶん違ってくるのかなという印
象はあります。
実績そのものが取引においてどう影響するか、そこはそんなにで
もないと思うのです。ただ、ちゃんとそういうことをやっている
とアピールできるだけでもかなり違うかなというふうに考えてい
ます。

大竹：なるほど。ありがとうございます。では最後に、この本を読んで
いらっしゃる、これから「ひとり貿易」というものをやってみた
い方へのメッセージをお願いします。

秋葉：もし、以前の私と同じように転売ビジネスをしていて、胸を張っ

てそのことを周りの人に言えないのなら今すぐ「ひとり貿易」やクラウドファンディングに挑戦することをお勧めします。

転売の経験がある方なら、比較的容易にクラウドファンディングを実施することができるからです。クラウドファンディング以降はプロとして、問屋さん、大手量販店など、その道のプロと対峙しなければなりません。

苦しい場面もあります。それだけにやり甲斐もありますし、転売をしている時にはあり得なかった、仕事を通して一般社会の人たちとのつながりも増えますし、社会的意義もあるように感じると思います。今までは敷居が高く、最初から入り込めなかった世界の入り口に立つことができる。それが「ひとり貿易」の最大の魅力だと思っています。

見つけてきた商品が、日本中の店舗で販売されたらすごいと思いませんか？　私自身もまだまだ達成できていませんが、その可能性を感じられるところには立つことはできます。

誰でも参入できて、頑張ればすごいところまでいけるかもしれない。もう、やらない手はないでしょ（笑）。

第6章

あなたも貿易家の
仲間入り！

販売後に
さらに世界とつながっていく

インコタームズって何？

　貿易家は「国と国とをつなぐ架け橋的な存在である」と伝えました。

　そして、国が変われば商慣習も異なります。そのために共通の貿易ルールを決めようということで、国際商業会議所（ICC）により「インコタームズ（Incoterms）」がつくられました。

　これは簡単に言えば、「①荷物の責任はどこまでにするか」「②送料や保険料はどちらが負担するか」の区切りを明確にするということです。

　我々がよく使うのは、下記の３つです。

【インコタームズ】

１．EXW（ExWorks：工場渡）

２．FOB（Free On Board：本船渡）

３．CIF（Cost Insurance and Freight：運賃保険料込み条件）

　１の「EXW」は、海外メーカーの工場や倉庫での引き渡しです。そこからの荷物の責任と輸送コストはすべてこちら負担になります。

　２の「FOB」は、工場や倉庫から輸出港まで輸送して、船に乗った以降の荷物の責任と輸送コストが、船運賃も含めてこちら負担になります。

　最後の「CIF」は、荷物の責任は FOB と同じく船に乗るまで

なのですが、日本の港までの船運賃と保険料はメーカー負担ということになります。

　一番多く使われる条件がFOBです。たとえば、インボイスに"FOB Shenzhen"など書きます。フォワーダーにお願いをするなら、どの方法でも対応してくれるはずです。

海外メーカーへの発注と支払い

　クラウドファンディングが終わったら、海外メーカーに発注を行います。

　その際、発注書（Purchase order）をメーカーに提出します。すると「**Proforma Invoice（プロフォーマインボイス）**」という見積書を作成してくれますので、内容を確認して支払いへ進めます。

　海外メーカーへの支払い方法ですが、サンプルを数個注文する程度でしたら、クレジット払い(Paypal)も使えますが、手数料が5％近くかかりますので、発注数が多くなる場合は、手数料がもったいないので、海外送金をお勧めしています。

　銀行や郵便局からの海外送金が一般的です。これを電信送金（Telegraphic Transfer ／ T/T）と呼びます。

　一般的には、海外メーカーと私たち貿易家の両者のリスクを回避するために、支払いは2回に分けて行います。

　まず、発注時に30％の預け金（デポジット）を支払い、生産

に入ってもらいます。

　残り70％は、商品が完成して出荷準備ができた状態、または船積みが完了した（B/L〈船荷証券〉が発行された）時点で支払って、日本へ輸送してもらいます。

　この "30% deposit and 70% balance before shipment" は、状況によって異なります。たとえば、すでに商品が100％在庫としてある状態だったら、先にまとめて100％支払う場合もあり得ます。

　法人になって、銀行とのお付き合いが始まると「L/C決済（信用状）」と言って、銀行同士が間に入る信用取引ができるようになるのですが、手数料やキャッシュフローの問題もあって、現在では多くの方が海外送金を選んでいるのが実情です。

＜お勧めの海外送金サービス＞

● TransferWise（トランスファーワイズ）

　https://transferwise.com/jp/

● SBIレミット

　https://www.remit.co.jp/

　また、海外メーカーに大きな金額を送金する場合は、信用調査を行うことをお勧めします。

　債務履行能力を格付けレポートにまとめてくれます。相手が会社でなくても調査することができます。

＜信用調査＞

●コファス（海外企業信用調査）

第6章　あなたも貿易家の仲間入り！

https://www.jetro.go.jp/ttppoas/support/s-1/cofcreditj.html

日本の法規制について

　日本で販売する際には、さまざまな独自の法規制があります。ここでは代表的な法規制と、対応方法を簡単に解説します。

1. 電気製品（PSE マーク・電気用品安全法）

　普段の生活の中で使う照明やテレビ、冷蔵庫や電子レンジなどの家電製品や、PC・タブレット・スマートフォンなどの電子機器を含めた、電気を動力として動いているものは「電気用品」として区別され、経済産業省が管理する電気用品安全法（PSE）という法律によって規制されています。下記の手順を経て販売することができます。

【電気用品安全法 届出・手続の流れ】

（1）事業届出（開始から30日以内）
（2）基準適合確認（自主検査や外部機関）
（3）特定電気用品の確認（○か◇か）
（4）適合性検査（◇の場合のみ・登録検査機関）
（5）自主検査（検査記録を残す）
（6）PSE マークの表示（PSE マーク、事業者名、定格電流等）
https://www.meti.go.jp/policy/consumer/seian/denan/procedure
html

電気用品安全法は、○PSEと◇PSEに分類されます。

たとえば、○PSEは「モバイルバッテリー」など、◇PSEは「ACアダプター」などが代表的です。

○PSE：特定電気用品以外の電気用品
　自主検査や外部機関で検査を行い、検査記録を保管する。PSEマークを貼って販売。
◇PSE：特定電気用品
　上記プラス、政府で認定された検査機関による検査（適合性検査）を経て認定証明書を受ける必要あり。

　適合性検査は海外でもできますので、できるだけメーカーに対応してもらうのがベストです。その際に経産省の登録検査機関で実施をしないと無効になるので、注意が必要です。

〈登録検査機関一覧〉
https://www.meti.go.jp/policy/consumer/seian/denan/cab_list.html

　証明書はコピーではなく、輸入者が副本を保管することが必要なので、交付してもらいましょう。自主検査の記録表もメー

カーの工場で付けてもらうようにしましょう。

2．リチウム電池（MSDS・化学物質安全性データシート）

事業者が化学物質や製品をほかの事業者に出荷する際に、その相手方に対して、その化学物質に関する情報を提供するためのシートです。

発注して取引が始まる場合は、メーカーに MSDS を提出してもらいましょう。MSDS がないと航空便が使えないだけでなく、最近では amazon 倉庫に納品する際にも提出を求められる場合があります。

3．Bluetooth（技適マーク・電波法）

最近はスマートフォンでアプリと連動して動いたり管理ができるガジェットが増えています。それらは Bluetooth を使用しているので無線機器となり、総務省が管理する電波法の対象になります。

TELEC（テレック）などの検査機関で無線設備の「工事設計認証」の基準認証を受け「技適マーク」を貼って販売します。

〈TELEC 無線設備の技術基準適合証明及び工事設計認証〉
https://www.telec.or.jp/services/tech/index.html

ちなみに海外製品は、北米「FCC 認証」、ヨーロッパ「CE 認

証」などの認証がありますが、日本で販売する場合は技適マークの認証を受ける必要があります。

FC CE

4．食器 / 玩具（食品衛生法）

食器や子供（6歳未満）向けのおもちゃは、食品衛生法の検査が必要になります。厚生労働省が管理しています。申請の手順は、海外メーカーからサンプルを検査機関に直接送ってもらい、該当箇所を検査してもらう流れになります。一度検査をして安全証明書をもらえば、次回からはスムーズに仕入れができるようになります。

〈ブンカケン（試験検査分析機関）〉
http://www.mgsl.or.jp/

5．医薬品 / 医療機器（医薬品医療機器等法）

マッサージや薬品などは、医薬品や医療機器に該当する恐れがあり、個人でクリアするのは困難です。手を出さないようにしましょう。

6．アパレルなど（家庭用品品質表示法）

消費者が日常使用する家庭用品を対象に、商品の品質について事業者が表示すべき事項や表示方法。たとえば、洋服などについているタグのことです。日本の品質表示を行わなくてはなりません。アパレルは検針などもしっかり行って、安全な商品

をお客様にお届けしましょう。

〈家庭用品品質表示法／消費者庁〉

https://www.caa.go.jp/policies/policy/representation/
household_goods/

7．知的財産権

　知的活動で生まれたアイデアや創作物には財産的な価値を持つものがあります。これらを総称して「知的財産」と呼びます。「特許権」「実用新案権」「意匠権」「商標権」「著作権」があり、貿易家にとっては、そのなかでも特に「商標権」と「意匠権」が重要です。

「商標権」とは、名前やロゴマークなどを保護するための権利です。これから仕入れて販売しようとしている海外製品のメーカー名や商品名が、すでに商標登録されている場合は「商標権の侵害」となってしまいますので、特許情報プラットフォームで確認をしてください。

「意匠権」とはデザインの創作についての権利で、たとえば、ダイソン社の羽なし扇風機のような、外観のデザインに価値があるような商品は、「意匠権」が取得されている可能性もあるので注意しましょう。

〈特許情報プラットフォーム〉

https://www.j-platpat.inpit.go.jp/

　知的財産権について詳しくは、国際弁理士に相談されること

をお勧めします。

〈越場国際特許事務所〉
https://jp.koshiba.co.jp/

8．PL保険（生産物賠償責任保険）

お客様に販売した商品に万が一事故が起きた場合に、賠償責任を負担した場合の損害を、身体障害または財物損壊が生じることを条件としてカバーする賠償責任保険です。

海外メーカーの商品を仕入れて万が一、何か事故が起きた場合、責任を持つのは私たち貿易家となります。なぜならば、日本では輸入者が責任者になるからです。

全品回収やリコールなどが起こる可能性もゼロではありません。特に電子系の商品などは事故のリスクもゼロではありませんので、PL保険に加入しておきましょう。

年間数千円で済みますので、リコール保険も特約で付けておくことをお勧めしておきます。

〈保険情報サービス〉
http://www.hoken-joho.co.jp/

海外からの輸送、通関、日本国内の配送はプロに任せよう

海外メーカーからの輸送の方法は、飛行機で輸送する「航空

便」と船で輸送する「**船便**」の２種類に分かれます。

２つには、それぞれメリットとデメリットがあります。

	スピード	荷物の量	送料単価	特　徴
航空便	速い アジア：３営業日 程度	少ない （パレット）	高い	国際輸送会社にお任せ （ドア・ツー・ドア） EMS、OCS、FEDEX、 DHL など
船　便	遅い アジア：２〜３ 週間程度	多い （コンテナ）	安い	通関や国内輸送など 専門的な手続きが 必要 日中海運株式会社など

航空便は「ドア・ツー・ドア」なので、基本的には通関業務などをすべて代行して、あなたの希望する場所までワンストップで国際輸送してくれます。

対して、船便は通関やその後の国内輸送の手配など、専門的な手続きが必要なため、自分で頑張ってやろうとしないで、フォワーダーと呼ばれる人に任せてしまうのが賢明です。

フォワーダーは、海外の倉庫から日本のあなたの希望する場所まで、スムーズに滞りなく荷物が輸送できるように最適な物流を構築してくれます。

貿易の書類ですが、出荷票になるのが**I/V（Invoice・インボイス）**と言います（正式には「Commercial invoice（コマーシャルインボイス）」）。

梱包など荷物の状態を記してあるのが P/L（Packing List・パッキングリスト）、飛行機で輸送する場合の出荷票が AWB（Air Waybill・航空貨物運送状）、船で輸送する場合の船荷証券が B/L（Bill of Lading・船荷証券）という書類になります。

輸出港から船が出発して、もうすぐ日本に到着しますよという頃に A/N（Arival Notice・アライバルノーティス・貨物到着案内）という書類が届きます。

　それをフォワーダーに渡して、到着した荷物の引き取りと通関業務をお任せします。輸入関税を立て替えてもらい、無事に税関検査を経て、あなたの手元や委託倉庫宛に商品が入ってきます（立て替えではなく税関検査の前に請求される場合もあります）。

　私たち貿易家は、できれば海外輸送や配送をプロに任せてしまいましょう。

　自分で配送するというのもいいですが、クラウドファンディングは一気に100、200、300、500、1000と売れるので、配送数が多くとても大変です。それよりは代行にお任せしてしまうほうが精神衛生的にも良いと私は思います。ここではいくつかお勧めの業者をご紹介しておきます。

＜発送代行のおすすめ業者＞

● ハッピー転送

　http://happytenso.com/

● Genesis 発送代行

　http://www.genesis-ultimatetools.org/shippingagency.php

※どちらも「大竹さんの本を見て知りました」とお伝えいただけると、スムーズかと思います。

第6章　あなたも貿易家の仲間入り！

クラウドファンディング後に気をつけること

　クラウドファンディングが終わったら、お客様に商品を届けることになります。海外からの仕入れというのは、納期が遅れがちになるもの。お客様に約束した納期を遅れることになると、クレームやキャンセルを受けたり、あるいは炎上することもあります。

　納期はお客様との「約束」ですので、私たちは海外メーカーと密にやり取りを進めていきながら、**納期を死守するという気持ち**が大事です。

　またプロジェクト終了後だからこそ、常にお客様にマメな状況の報告を入れていきましょう。

「本日、日本へ向けて商品が発送されました」
「明日から順次、商品を発送いたします」
　など、具体的に進捗状況をお知らせします。

　そうすることで、商品を楽しみに待っているお客様の不安を解消し、クレームを避けることができます。

　とにかく大事なのは、**お客様とのコミュニケーション**です。

　支援していただいたお客様に対して、定期的に状況の報告をしていきましょう。

クラウドファンディング後の一般販売について

　クラウドファンディングが終わって想像以上にご支援をいただいた、あるいは売り上げは思ったよりも伸びなかったけれども、メディアに取り上げてもらったり量販店のバイヤーから取引の連絡が来たりして、手応えをつかんだ場合には「一般販売」へとコマを進めていきましょう。

　一般販売のやり方は大きく分けると2つあります。

　1つ目は**オンラインで販売**すること。
　2つ目は**店舗で販売**してもらうこと。

　それぞれどのように進めていくかを見ていきましょう。

オンライン（amazon や楽天市場、Yahoo! ショッピングなど）で販売する

　インターネットを使った販売のことを「オンライン販売」や「EC」と呼びます。個人でも販売しやすいのは amazon でしょう。amazon での販売については、私の著書『Amazon 個人輸入 はじめる & 儲ける 超実践テク 104』（技術評論社）を参考にしていただければと思います。

　amazon で販売を始めたら、Yahoo! ショッピングや楽天市場といった大きなショッピングモールでも販売をしていきましょう。

　ショッピングモールが優れているのは、**お客様を連れて来て**

くれることです。つまり、集客をプラットホームがしてくれるので、私たちはお客様を集めてくる必要がないということです。

　個人規模でインターネット販売を行う場合、一番大変なのが、この集客です。ショッピングモールを利用することで、スムーズに販売をしていくことができるようになります。

ネットショップで販売する

　amazonや楽天市場などのショッピングモールではなく、自分のネットショップで販売することもできます。「カラーミーショップ」や「ワードプレス」でショップを構築するなど、さまざまなECサービスがありますので調べてみてください。

　自社ショップでの良いところは、**モールの手数料がかからないこと**です。そして、好きなようにページをカスタマイズしていくことができることです。

　さらに**「お客様の情報」**が直接手に入りますので、新商品のご紹介や割引のセールのご案内など、積極的な販売をすることができます。

　しかし、集客の面ではモールで販売するよりも大変です。ブログを書いたり、SNSで告知したり、広告を打ったり、いろいろな形でお客様に来てもらう施策を行わないといけません。

　まずはamazonなどのモールで販売をはじめ、軌道に乗ってきたら自社サイトでも販売をしていくというのが良いでしょう。

全国のデパートや有名な量販店で販売をしてもらう

　海外展示会やクラウドファンディングサイトから見つけてきたユニークで優れた商品というのは、全国のデパートや百貨店

でも販売をしてもらえる可能性が高いです。

それでは、どのように量販店さんとつながっていけばいいのでしょうか？

量販店や小売店に販売をするには、**直接販売する方法**と**卸業者や問屋に商品を卸して、そこから分配してもらう方法**の2つがあります。

どちらも一長一短はありますが、日本国内の取引の場合、個人事業ですと大手の量販店につながる（口座をつくる）のは相当ハードルが高いので、卸業者経由で量販店や小売店に商品を卸してもらうのがベストです。

インターネットのウェブ窓口を利用する

東急ハンズやLOFT、ドン・キホーテといった大手量販店は、インターネット上に商品の提案窓口というのを設けています。そこから申請をしてバイヤーに商品を見ていただき、アポを取って商品を持参して商談しに行くという形になります。

あるいは各地方の商工会議所や信用金庫などで、大手量販店のバイヤーを集めた**商品提案会**などを開いていることもありますので、そういった機会を有効に活用しましょう。

日本国内の展示会に出展する方法

結論から言うと、国内の展示会に出展するのが一番近道と言えます。なぜならば一度にたくさんのバイヤーたちが、あなた

の商品を見て触って確かめて質問をして、条件などを聞いてくれるからです。1件ずつ商談に出向くよりもはるかに効率的であり、そもそもがビジネスマッチングの場ですので、話も早いのが大きな点です。

日本で最も大きな展示会は、毎年2月と9月に開催される**「東京インターナショナル・ギフトショー」**です。延べ4日間の開催で約20万人が来場すると言われている、アジアでも最大規模の総合展示会です。

各量販店や百貨店のバイヤー、テレビ・雑誌などのメディア関係者、カタログ通販や小売業者など、物販ビジネスに関わるたくさんの関係者が集まってきて、あなたの商品を見てくれます。

日本国内には東京インターナショナル・ギフトショー以外にもさまざまな展示会が開催されていますので、チェックしてふさわしい展示会に行きましょう。

理想を言えば、総合展示会よりも、各カテゴリーに特化した展示会に出るほうがいいと思います。

たとえば、自転車のアクセサリーを扱っているならば、自転車の展示会に出展したほうが、来場するお客様や業者の属性もピッタリなので効率的なのです。

そこで興味を持ってくれた業者と名刺交換をして、後日連絡を取り、アポを取って商品と価格表を持参して商談をします。

卸業者だと4～5掛けくらい、小売業者だと5～7掛けくらいで買い取ってくれることが多いです。ここは商品にもよりますし、ケースバイケースと捉えておいてください。

第6章　あなたも貿易家の仲間入り！

もしもクレーム、炎上が起きたら？

クラウドファンディング実施中、あるいはファンディング終了後に、こちらも予期していなかったトラブルが起こり、炎上したり、クレームを受けることがあります。そのような時には、どのように対応したらいいのでしょうか？

この場合、一番得策なのは、**誠実に謝罪をして返金に応じる**ことです。

一番良くないのは、クレームを無視したり、嘘をついたり、あやふやにしてしまうことです。

お客様の信頼を損ねているうえに、失礼な行為を取ると、さらなるクレームや炎上につながっていきますので要注意です。

クラウドファンディング終了後に、海外メーカーと本格的につながっていく

クラウドファンディングは「テストマーケティング」の意味合いも強くありましたよね。プロジェクトの結果から判断して「これはイケそうだ！」と実感を得て、その後も商品を販売していくことに熱意を持てた場合には、改めてここで海外メーカーともう一度商談をしましょう。

そして、本格的な取引へと進んでいきます。

できれば一度、海外メーカーを訪問しましょう。私も、私の

クライアントも、海外メーカーと取引が深くなってくると訪問しに行きますが、今まで一度も邪険に扱われたことなどありません。「遠い所からわざわざよく来てくれた！」と大歓迎してくれます。

そして、会社や工場を見学させてもらい、商談のうえ割引を

｜第6章　あなたも貿易家の仲間入り！｜

してくれるなど信頼関係が生まれ、夜には豪華なディナーに案内されることもあるでしょう。そこで食事やお酒を交わしながら、お互いの国の文化や家族のことを語り合ったり、あるいは未来のことを語り合ったりという時間ができます。

　このようにビジネスを通じて海外の人とつながっていけるというのは、私たち貿易家の醍醐味でもあります。

　私のクライアントは、同一メーカーの社長から１週間の旅行に誘われて、ビール祭りなどを一緒に経験をして楽しそうに写真を送ってくれました。なかには家族ぐるみでお付き合いをしているような方もいます。

　あなたもぜひ、貿易家になって世界中の人とビジネスを通じてつながり、いろいろな素晴らしい場所で、幸せを味わってほしいと思っています。

あなたも世界を股にかけたビジネスパーソンになれるのです。

最後に「クラファン、もう1杯！」

Makuake が終わったらそれで終了、ではありません。

たとえば、ほかのサイトでもう一度クラウドファンディングを行うことができます。

代表的なのは「CAMPFIRE」などです。CAMPFIRE というクラウドファンディングサイトは審査も比較的緩く、いろいろな商品や企画、いろいろなアイデアが出品されているので、必ずしも初めてのクラウドファンディングの商品でなくても展開することができます。

ですので、Makuake が終わったら、そのまま Makuake のページデータなどをアレンジして CAMPFIRE で、もう一度クラウドファンディングをする。これを「クラファンおかわり」と呼んでいます。

商材によりますが、おかわりをするだけでも、平均 15 ～ 30% ぐらいの売り上げをつくることができるので、さらなるチャレンジをしてください（Makuake で 100 万円の支援を集めた商品は、その後の CAMPFIRE でも 15 万円～ 30 万円ぐらいは支援が集まっているイメージです）。

第6章　あなたも貿易家の仲間入り！

貿易家に向いているのはどんな人か？

　ここまで貿易家という働き方・生き方について話をしてきましたが、初めて輸入ビジネスを知った方、副業を考えている方、転売ビジネスなどから本格的に貿易家を目指してみようという方、輸入ビジネスを拡大していこうという方、さまざまな方がお読みかと思います。

　では、いったいどんな人が貿易家として成功していくのでしょうか？　これまで多くのクライアントを成功に導いてきたという自負はありますが、そのなかでも成功しやすい人と、そうでもない人がいるような気がします。

　果たして成功していく人は、どんな考え方をしているのでしょうか？　ここでは最後に、成功するビジネス的な考え方を解説していきたいと思います。

「即断即決即実行」できる人になる

　やると決めたらすぐに決断してやるということが、このビジネスにおいては何よりも大事です。

　ビジネスはスピードが大事。ほとんどのことは速くやった人が利益を得られるようになっています。

　多くの人は、ダラダラと悩んで結局何もやりません。そうやって年を取っていき、気づいたら手遅れ……ということにならないように、ここで「構え、撃て、狙え」という言葉を覚えてください。

261

普通は「①構え　②狙え　③撃て」の順番なのですが、「①構えて　②撃って」それから「③狙う」の順になっています。

つまり、先に動き出して、あとから修正していくというスピード感が大事なのです。

人間の脳は「5秒」経つとやらない理由を探し始めるそうです。やらない理由を考える前に、即断即決即実行、動き出してしまいましょう。

「素直さ」こそが変わるうえで大切

「批判」「反論」「評論」は時間のムダです。

自分の正しさを主張すれば、一時的に気分は良くなるかもしれませんが、他人のことを中傷していても、その人の人生は何も変わりません。

現状を打破したい、新しい人生をつくりたいと思って行動していくのですから教えてくれる人の言うことを素直に信じて行動するのが、一番の近道なのです。

ここで自分で判断して勝手にアレンジすべきではないのです。だって、それは「これまでの自分の価値観」なのですから。

新しい価値観をインストールする必要があるのです。

料理のレシピと同じで、たとえば塩を入れるのが面倒だからといって、勝手な判断で塩を入れないと、その味には絶対にならないのです。

武道や芸能の世界には「守破離」という言葉があります。

まずは、師匠から教わった「型」を徹底的に「守」る。そして、基礎ができてきたら既存の型を「破」る。最後に、自分なりにアレンジをして「離」れて独自のものをつくっていく。

第6章 あなたも貿易家の仲間入り！

これは真理だと思います。愚直に素直に実践した人が貿易家として成功していきます。

成功するまでやり続ける

これも本当に大切な考え方です。

成功しなかった人というのは、結局のところ、成功するまでやり続けなかった人です。何らかの事情があったにせよ、途中でやめてしまった人なのです。

成功するまで絶対にやり続けると決めていれば、いくら失敗を重ねたとしても、それらはただの過程にすぎません。

「失敗ではない。うまくいかない1万通りの方法を発見したのだ」

これは発明王エジソンの有名な言葉ですが、そのぐらいの執念を持って臨めば、必ず貿易家として大成できるでしょう。

「すべては自己責任」で臨む

これは商売人としては、最も大切な考え方です。

「雨が降っても自分のせい」という気持ちで、ビジネスをやっていく必要があります。

なぜかというと、誰かのせいにしているうちは、結局成長することができないからです。

どんなに不条理だと思えることも、すべてを受け入れ、自分の責任だと思い、なぜそのようなことが起きたのかを冷静に考えて改善していけばいいのです。

他人に「固執しない、執着しない、期待しない」。頼れるのは自分だけ。そしてすべては自己責任である。

そんな気持ちでビジネスに向き合っていきましょう。

263

ライバルとは、自分を成長させてくれる存在である

ビジネスをやっていると、ライバルが出てくることがあります。たとえば、貿易ビジネスでも、ライバルに類似商品を値下げされたりすると、こちらにも悪い影響が出てきたりすることが起こってきます。

そうなると、ついつい「あいつさえいなければ……」と、ライバルを悪く思ってしまいがちです。

しかし、ライバルがいるから、競争が生まれ、成長できるのです。こちらも負けじとアイデアを捻ったり、努力できるものです。

「豊かさマインドと欠乏マインド」という言葉があります。

欠乏マインドとは、すべての総量は決まっていて、誰かがそこから取ると、自分の取り分が減ってしまうという「ゼロサム」的な考え方です。

一方、豊かさマインドとは、すべての人が幸せになることは可能だと考えること。幸せは決まった量しかないのではなく、つくり出せるものだと考えます。

貿易家は、海外からワクワクする商品を探して、自分だけで販売していくやり方です。足の引っ張り合いではなく、豊かさマインドでビジネスに向き合っていきましょう。海外には、まだ日本には入ってきていないユニークな商品がごまんとあるのですから。

一流に触れることで成長する

「商売人としてのセンスを磨くには、どのように学んだらいい

第6章 あなたも貿易家の仲間入り！

「セカイをワクワクさせる貿易家になろう!! セカワク貿易アカデミー」の
みなさんと香港展示会にて

でしょうか？」と、聞かれることがよくあります。

これに対する答えは簡単で、**「一流のものにどんどん触れる」**ということです。

常に好奇心を持ち、新しいものを積極的に取り入れていきましょう。

一流のものには「一流たる所以（ゆえん）」があると思っています。それは芸術的なものだけではありません。食事でもブランド品でも、すべてがそうです。そうしたものを自分のものにしていくためには、触れる機会を増やすことしかありません。

「神は細部に宿る」という言葉があります。

一流と呼ばれる商品があるなら、自分で買って使ってみる。そうすることで、今まで気づかなかった「一流たる所以」に気づくことができるはずです。

変化を恐れず、常に新しいものにチャレンジする

世の中はものすごい勢いで変化しています。

私たち貿易家は、お客様に新しい価値を提供していくことが

役目。だとするなら、新しいことに敏感でなければなりません
し、積極的にチャレンジしていく姿勢が大事です。

「最後に生き残るのは、最も強く賢いものではなく、最も上手
く変化に適応したものである」——チャールズ・ダーウィン

　変化することを恐れるのではなく、成長していく自分を楽し
みましょう！
　大切なのは「一歩踏み出す勇気」です！

おわりに

「ひとり貿易」の旅はいかがでしたでしょうか？

「私も世界を飛び回る貿易家になりたい！」
「今すぐにでもワクワクする商品を探したい！」
「生きるための仕事ではなく充実した人生を送りたい！」

　あなたがもしそう思っているなら、やることは１つ。

“今すぐこの本を閉じてください”

　そして、貿易家に向かって動き出してほしいのです。
　思考は現実化する、という言葉がありますが、思っているだけでは、現実は１mmも変わらない。行動すること、つまりアウトプットしていくことで、初めて実世界が鮮やかに変わり出す。

　人は本当に変わっていけます。
　信念を持って愚直に続けていけば、必ずなりたい自分になれるんです。
　今はパソコン１台で自由に世界を飛び回っている、私の多くのクライアントや生徒さんたちが、かつてそうであったように。

私自身、34歳で人生を180度変えました。

10年前、音楽をやめて塞ぎ込んでいた日々を思うと、今こうして本を書かせていただけることが夢のようです。

絶望しきって、世の中のすべてが敵にすら思えて、塞ぎ込んで落ちるところまで落ちた挙句、私はそれまでの自分と決別することにしたのです。

そして決めました。

ここからがオレの第2の人生だ。

過去は絶対に振り返らない。

人生は何歳からでもやり直せるということを身をもって証明してやる。

そう心に誓って……。

そこからは、ただただ無我夢中で、生きるか死ぬかの覚悟でビジネスに取り組んできました。

最初は誰だって怖いもの。

でも一歩踏み出せば、一歩先の未来が見えてくる。

一歩進んだら、また一歩、そして一歩。

ゆっくりでいいから、着実に進んでいこう。

それを繰り返していくうち、気がついたら、大きく成長した自分に必ず出会えます。

もちろん私自身も、まだまだ道すがら。「ひとり貿易」や、

クラウドファンディングの歴史は、まだ始まったばかりなのです。

だから次の1ページは、あなたに記してもらいたい。

あなたが貿易家として、世界を飛び回って活躍している姿を楽しみにしています。

そして、もしもこの本があなたにとって何かの気づきだったり、人生を変えるきっかけになったのなら、どうか私に会いに来てください。

不定期ですが全国でもセミナーをやっていますし、海外の展示会でお会いすることもあるかもしれませんね。そんな時は、恥ずかしがらないで声をかけてください。

「本を読んで、貿易家になりたくて、ここに来ました」、そう教えてほしいのです。

メールマガジンで様々な最新情報をお伝えしていますので登録しておいてください。

〈「輸入参謀」大竹秀明 オフィシャルサイト〉

● https://hideaki-otake.com/

私が直接指導をする、海外展示会のコンサルティングはこちらです。

〈ユビケン海外展示会 実践プロジェクト〉

● http://yubi-ken.com/project/

愛する家族、妻と娘（彩加）と息子（朗斗）へ。

年間の3分の1は海外に出ていて、いつも寂しい想いをさせ

ているのに、「パパとは心でつながっているから大丈夫だよ」と、愛を与えてくれてありがとう。

偉大なる父と母へ。
真面目で不器用を絵に描いたような父。感性豊かで大胆で、どんな時も大きな愛で包んでくれた母。私は間違いなくあなたたち2人の血を受け継いで生まれてきました。
この世に産んでくれて、育ててくれてありがとう。

ビジネスの師匠、森治男先生へ。
12年前に先生にお会いできなかったら、今の私はあり得ませんでした。塞ぎ込んでいた私に、希望の光を与えてくださいました。感謝しかありません。

SAATS代表の林一馬さん、露口義司さんへ。
音楽引退後は、表に立つのはやめようと思っていた頃に「あなたは人前に立って導くリーダーですよ」と、声をかけてくれてありがとうございました。ずっと惜しみのないサポートにも感謝します。

ユビケン共同創業者の笹田直輝さんへ。
この本に書き記してきたことの原形は、2人でつくり出してきたものばかり。7年前に神戸のオフィスで夢を語り合った日のことを、昨日のことのように覚えています。僕らが夢見たことは間違ってなかった。クラウドファンディングの時代がやってきたんだよ。

おわりに

　1人では決して成し得なかった。勇気を与えてくれてありがとう！　またいつか一緒に海外展示会を回りましょう！

　Makuake 代表取締役の中山亮太郎さん、取締役の坊垣佳奈さん、木内文昭さん、キュレーターの藤下奈緒美さん、木曽恵里夏さんへ。
　クラウドファンディングの素晴らしさを教えてくださって、本当にありがとうございました。エバンジェリストとして、今後もクラウドファンディングの発展に努めてまいります。

　SUNGO の花山京太さん、山川わたるさん、ハナサカスの柳田厚志さん、土屋芳輝さん、フォレスト出版の稲川智士さんへ。
「ひとり貿易」に共感をしていただき、世の中に広めていこうと、お力添えありがとうございます。今回の本の出版の機会もつくっていただき、本当に感謝しております。

　そして、
　ユビケン海外展示会実践プロジェクトに参加してくださった多くのクライアント様へ。
「セカワク‼ 貿易アカデミー」のたくさんの生徒さんへ。
　あなたたちが貿易家としてたくさんの結果を出してくれたから、私は今ここにいます。この本はみなさんがつくってくれた本です。信じて行動してくれてありがとう！

　バンド時代をともに駆け抜けた仲間たちへ。
　まぶしすぎるぐらいの輝いた時代をともに駆け抜けてくれて

ありがとう。もう二度と経験できない、かけがえのない時間でした。すべてはバンドが教えてくれました。

　そのほかにもたくさんの人が、私に力を与えてくれました。
　与えられたものは、磨いて、また世の中に返していかなければならない。
　今度は私が誰かに、力を与えていく番になれたら、それが私に与えられた使命だと思っているのです。
　かつての自分のように、人生に迷っている方に。
　最後に、将来に不安を感じ、希望を持てなくなり、自分の存在意義もわからなくなっている若者へ。
　変わりたくても、さまざまなしがらみで身動きが取れず、ただ心をなくして生きている同世代の方々へ。
　定年を迎え、人生100年時代に突入し、どうやって生きていけばいいんだと立ち尽くしている先輩方へ。

　自分の人生を絶対にあきらめてはダメだ。
　人は希望を見いだせなくなったら生きていけない。
　大きな夢を見て、自分の信念を貫いていこう！

　貿易家として世界のどこかでお会いできる日を夢見て……。

　　令和元年6月30日　ドイツ フランクフルトにて

　　　　一般社団法人まじめに輸入ビジネスを研究する会
　　　　　　　　　　　代表理事　大竹秀明

〈著者プロフィール〉
大竹秀明（Hideaki Otake）

1974年生まれ。神奈川県横浜市出身。一般社団法人まじめに輸入ビジネスを研究する会(ユビケン)代表理事。日本最大級のクラウドファンディングMakuake公式エバンジェリスト。ほかにも複数の事業を展開。

元ビジュアル系ロックバンドのプロギタリストとして、2000年に東芝EMIよりメジャーデビュー。DAIGO（BREAKERZ）、マオ（シド）らと全国的にライブ活動を行う。通算1000本を超えるライブ、テレビ・ラジオへ出演し、日本武道館のステージにも立つ。その後、所属事務所の倒産から不遇の時代を過ごし、人生に大きく絶望する。

2008年より心機一転、楽器の転売をヒントに輸入ビジネスを開始。ほぼ1人で年商1億円以上を売り上げることに成功する。現在は、貿易会社の経営に加え、全国各地でのセミナー講演や海外展示会コンサルティングを中心に、副業や独立を目指す個人の起業支援や、法人の貿易事業拡大のサポートを行う。これまで延べ3300名（社）以上にアドバイスを行い30名以上の億を超えるプレーヤーや多くの成功者を輩出する。Yahoo!本社や日本郵政セミナーでも講演実績がある。

また黎明期より「物販×クラウドファンディング」の可能性に注目し、これまでに130件以上のプロデュース実績、累計売上は3億円を超える。"セカイをワクワクさせる貿易家を生み出す！"を理念とし精力的に活動中。

著書に『Amazon個人輸入はじめる＆儲ける超実践テク104』『クラウドファンディングで資金調達に成功するコレだけ！技』（以上、技術評論社）がある。

◆「輸入参謀」大竹秀明オフィシャルサイト：https://hideaki-otake.com/

〈装丁〉竹内雄二
〈DTP・図版作成〉沖浦康彦

資金ゼロではじめる輸入ビジネス3.0

2019年7月20日　　初版発行
2021年5月13日　　3刷発行

著　者　大竹秀明
発行者　太田　宏
発行所　フォレスト出版株式会社
　　　　〒162-0824 東京都新宿区揚場町2-18　白宝ビル5F
　　　　電話　03-5229-5750（営業）
　　　　　　　03-5229-5757（編集）
　　　　URL　http://www.forestpub.co.jp

印刷・製本　萩原印刷株式会社

ⓒHideaki Otake 2019
ISBN978-4-86680-047-9　Printed in Japan
乱丁・落丁本はお取り替えいたします。

資金ゼロではじめる輸入ビジネス3.0 読者無料プレゼント

英語力ゼロ。
海外メーカーとの契約書テンプレート
〈PDF ファイル〉

本書の第4章で解説している、海外メーカーとの輸入契約書作成の際に大変参考になる「契約書テンプレート」です。

輸入ビジネスを始める際に、最もハードルが高いと思われる語学力。本書でも解説されているように、海外メーカーとのやり取りに高い語学力は必要ありません。交渉が成立したらテンプレートのような契約書を交わしていきます。

特に海外とのビジネスはスピード感が大事です。ぜひテンプレートを参考にあなたのビジネスにお役立てください。

この無料プレゼントを手にするには
こちらへアクセスしてください

http://frstp.jp/yunyu3

※無料プレゼントは、ウェブサイト上で公開するものであり、冊子やCD・DVDなどをお送りするものではありません。

※上記無料プレゼントのご提供は予告なく終了となる場合がございます。あらかじめご了承ください。